哀愁

1964年東京五輪 三つの物語

マラソン、柔道、体操で交錯した人間ドラマとその後

別府育郎／著

ベースボール・マガジン社

目次

プロローグ

第1章 円谷幸吉と君原健二

第2章　神永昭夫と猪熊功

第3章　ベラ・チャスラフスカと遠藤幸雄

エピローグ

1964年、
終戦の混乱からわずか19年の東京で
開催されたオリンピックは、
戦後日本の青春といえた。
だが光がまばゆいほど、その影は色濃く、
青春であるからこそ時に儚く、時にほろ苦い。
そして深い哀しみや愁いの先にも、
温かな物語や希望はあった。

カバー写真 /The Aasahi Shimbun/Getty Images
写真 / 産経新聞社、The Aasahi Shimbun/Getty Images
装丁・デザイン / 根本眞一

プロローグ

TOKYO 1964

2人の少女

晴れていた。

台風の接近による前日の雨天が、嘘のような快晴だった。

ＮＨＫの北出清五郎アナウンサーは「世界中の青空を全部東京に持ってきてしまったような素晴らしい秋日和でございます。何か素晴らしいことが起こりそうな国立競技場であります」と切り出し、放送を始めた。

昭和の東京オリンピックの開会式は１９６４年10月10日午後１時50分、東京・国立競技場で始まった。古関裕而作曲のオリンピック・マーチに乗って93の国と地域の選手団が整然と入場行進を行った。日本選手団のユニホームは、赤のブレザーに白のズボン、スカートで統一された。

開会式のクライマックスは、聖火の点火だった。ギリシャで採火された聖火はアジアの各国を経由して空輸され、９月７日に米国の統治下にあった沖縄に到着した。聖火は全都道府県を巡る四つのコースをたどって国立競技場を目指した。

最終ランナーとして聖火台にトーチの火を灯したのは、早稲田大学競走部の19歳、坂井義則だった。彼は広島市に原爆が投下された１時間半後に広島県三次市で生まれた。坂井の若さは、短い年月での奇跡的な戦後復興を象徴した。

坂井は1600メートルリレーの強化選手だったが、代表選考会で敗れて代表の座を逃した。原爆投下の日に広島で生まれた宿縁から最終点火走者に選ばれ、早大競走部監督、中村清による特訓を経て、開会式の本番に臨んだ。

バックスタンドの長い階段を真っすぐに一糸乱れぬフォーム、同じリズムで上る坂井の姿は、神々しくさえあった。当日の産経新聞夕刊は、そのシーンをこう活写した。

《北口ゲートにパッと白煙が走った。聖火がおどりこんできた。午後三時六分である。最後のランナー坂井義則君の右手に高くトーチがある。八月二十一日、オリンピアの地で、かげろうとともに燃え立った聖火は、海外十二カ国、日本全国の計二万六〇〇〇キロを走って、いま終着地、国立競技場に到着した。トラックを四分の三周する。力にあふれた若々しいフォーム。そのペースは時計の秒針のように正確だ。スタンドは息をのみ、鳴りをひそめ、十万人の目はただひとつ、聖火を追う。

聖火台への道、計百六十二段のスタンドを、坂井君はいっきにかけのぼる。みごとだ。聖火台のわきに、すっくと立った。点火。燃えた。ホッとためいきがもれ、スタンドは一度にくずれた。どよめきがおさまったあとも、スタジアムを、なにかえたいの知れないものが、静かに揺さぶっている。なんのヘンテツもないタイマツの火が、なぜこうもわたくしたちをつき動か

すのか》

橋本善吉はバックスタンドの、聖火台を目指して坂井が駆け上るそのすぐ横の席でこのシーンを見上げていた。善吉は後に、昭和の名馬マルゼンスキーの生産者としてその名を馳せるが、当時はまだ、牛の飼育を中心とする普通の酪農家だった。

善吉は興奮、感動のまま、公衆電話を探して北海道の自宅に電話を入れた。5日前に生まれたばかりの娘の名を「聖子にする」。そう伝えた。

五輪の申し子、橋本聖子である。

娘は名前の由来を何度も聞かされ、五輪が何であるかも知らないうちから、将来の志望を聞かれると「五輪選手」と答えるよう育てられた。

小学2年の冬に地元の北海道で札幌冬季五輪が開催され、五輪はさらに身近な存在となった。思いが膨らみ、その頃から五輪は、明確に自らの目標となった。

スピードスケートと自転車で、冬4回、夏3回の五輪に出場した。ゴール後に倒れ込むまで滑り続け、こぎ続け、力の限りを振り絞り、人の心を打つレースのスタイルは、夏でも冬でも同様だった。アルベール冬季五輪の女子1500メートルでは、銅メダルも獲得した。

スケートでも自転車でも、リンクでもバンクでも、スタンドにはいつも善吉の姿があった。どれほど広い、満員の会場でも、必ずすぐに見つけることができた。娘の名を呼び、場内の空

終戦からわずか 19 年。1964 年 10 月 10 日の東京五輪開会式。原爆投下の日に広島で生まれた坂井義則が、聖火リレー最終ランナーを務めた

気を震わす大音量の声援。あれほどの大声を、他の誰からも聞いたことがない。

橋本聖子は現役選手のまま、政治家となった。

◆　◆　◆　◆

五輪開会式の10月10日は、名古屋も晴れていた。

母は、その日の秋の日差しを、よく覚えている。開会式の様子は少しだけ、病院のロビーで見た。5日前に生まれたばかりの娘を病室に残し、ゆっくり見ているわけにはいかなかったからだ。

婦長さんは男の子だろうと話していた。男児なら「拓也」と名前を決めていた。だが、生まれたのは女の子だった。

自らの「早紀江」という名は、字を人に説明するのが面倒で、習字の時間にも苦労した。だから、女の子なら平仮名の、可愛らしい名前にしてあげたかった。

並べた候補から、「これは飲み屋さんの名前みたい」などと一つ一つ除外していき、「めぐみ」と決めた。

横田めぐみである。

母の早紀江には、めぐみが赤ん坊の頃、いつもこの子には陽光が当たっていたという記憶がある。開会式の日もそうだった。新幹線が開通し、五輪が始まる。凄い時に、この子は生まれたんだ。そう実感していた。

メキシコ五輪が開催された4年後の夏には東京で、双子の弟が生まれた。「拓也」「哲也」と名付けた。家族も日本も、前途は洋々としていた。

横田めぐみと橋本聖子は、同じ１９６４年の10月５日に生まれた。

国会議員となった橋本にそう告げたのは、早紀江である。

娘と同じ日に生まれた橋本聖子を、横田夫妻は現役選手の頃からずっと気にかけてきた。娘が五輪選手になれたとまでは思わなかったが、あらゆる可能性は開けていた。あの非道で残酷な事件がなければ。

横田めぐみは１９７７年11月15日、新潟の中学校からバドミントン部の練習の帰りに、北朝鮮の工作員に拉致され、連れ去られた。13歳の、優しく可憐な少女だった。前日は、父、滋の45歳の誕生日だった。めぐみは父に、焦げ茶色のくしを買ってプレゼントに贈った。焦げ茶のくしは、その後ずっと、滋の悲しい宝物となった。

両親には１本のカセットテープが残された。小学校の謝恩会で歌われたシューマンの『流浪の民』の合唱が録音されていた。中には、めぐみの独唱のパートもあった。

《可愛（めぐ）し乙女舞い出でつ
なれし故郷を放たれて

夢に楽土を求めたり》

なんと寂しい歌だろう。そっと聞くと、早紀江は涙が止まらなくなった。

あれから長い、家族の戦いの日々が続いた。悲嘆に暮れるばかりの無力感から立ち上がり、めぐみの実名を公にして救出運動に邁進した。滋は「父、横田滋」と書いたタスキを肩から斜めにかけ、街頭や演壇に立った。拉致被害者家族会の初代代表にも就任した。署名を求めて社会の共感を集め、政府に行動を訴え続けた。最初は足を止め、聞く耳を持ってくれる人も少なかったが、思いは次第に、燎原《りょうげん》の火のように浸透していった。

2002年、当時の小泉純一郎首相の訪朝で、北朝鮮はようやく拉致の犯罪事実を認めて謝罪した。蓮池薫ら5人の拉致被害者が帰国を果たしたが、めぐみら8人については「死亡」と告げられた。

皆が嘆き、泣き出す中、早紀江は信じなかった。

「向こうが勝手にいっているだけで、何の証拠もないじゃないですか」

北朝鮮側の説明は二転三転する。小泉訪朝の2年後には「めぐみの遺骨」が届けられたが、鑑定の結果、別人のものと判明した。北朝鮮はストックホルム合意に基づく拉致問題再調査の約束を一方的に破棄したまま、その後の進展はない。

◆　◆　◆　◆

橋本が選手団長として率いた日本選手団は、２０１６年のリオデジャネイロ五輪で金12を含む史上最多41個のメダルを獲得した。競技間の連帯を生んだチームジャパンの成果だったといえる。

たとえばバドミントン女子ダブルスで金メダルを獲得した高橋礼華、松友美佐紀の「高松ペア」は、決勝戦の前日、選手村のテレビでレスリング女子の試合を見ていた。48キロ級の登坂絵莉、58キロ級の伊調馨、69キロ級の土性沙羅、日本の代表選手はなんと3階級の金メダルを、すべて最終盤の劇的逆転勝利で手にした。

高松ペアが迎えたデンマークのペアとの決勝戦は、最終セットで16対19とリードされていた。絶体絶命。ここで高松ペアの２人はレスリング女子の試合を思い出し、「私たちも」と思えたのだという。

松友が冷静にネット際にシャトルを落とし、17点目を返した時点で、スタンドで応援していた団長の橋本は金への流れを確信した。リンクで、バンクで、世界としのぎを削ってきた勝負師の直感だったのだろう。

同じ試合を、早紀江は自宅のテレビで深夜、夫の滋と観戦していた。応援に、自然と力が入った。

バドミントンだったからだ。

めぐみは、バドミントン部の練習の帰りにさらわれた。早紀江は「まさかオリンピック選手になれたとは思わないけど」と話したが、滋は「いや、めぐみは強かったんだ」と譲らなかった。捜索と悲嘆の日々の中で、弟はバドミントン部に入り、活動を続けた。

一度も口に出したことはなかったが、「姉の代わりに」「姉の分も」、そういう気持ちだったのだろうと、早紀江は信じていた。

◆　◆　◆　◆

早紀江に、同じ日に生まれた少女の話を聞かされて以降、橋本は誕生日を迎える度、めぐみのことを考えるようになった。

レスリング女子で五輪3連覇を飾った吉田沙保里は、82年の10月5日に生まれた。生まれた年こそ違うが、橋本は吉田と2人で、同じ誕生日の横田めぐみのことを話し合ったこともある。

「国を挙げて、拉致問題の解決にしっかりと取り組まなくてはなりませんね」と、命名に既定された人生同様、誕生日にも運命を感じている。横田めぐみも橋本同様、東京五輪とともに生まれた子である。

「だから次の東京五輪までに、絶対にめぐみを返してほしい」と、早紀江は滋とともに、強く訴え続けてきた。

その滋が、2020年6月5日、亡くなった。87歳だった。

早紀江は「北朝鮮に拉致されためぐみを取り戻すために、主人と2人で頑張ってきましたが、主人はめぐみに会えることなく力尽き、今は気持ちの整理がつかない状態です」とコメントした。滋は娘と、2度目の東京五輪を観戦することを楽しみにしていた。間に合わなかった。同じ年の10月19日には、橋本善吉も亡くなった。96歳だった。聖子は「来年まで元気でいなければ、と話していた。もう1度、東京五輪を見たかったのだと思う」と語った。父に宿命づけられた五輪の申し子、橋本聖子は五輪担当相を経て、五輪組織委員会の会長として、56歳で2度目の東京五輪を迎えることになった。

聖火リレー最終走者の坂井と、橋本の年齢が歳月を物語る。昭和の東京五輪は終戦の混乱からわずか19年で開催され、あれから半世紀以上が過ぎた。この間に昭和の東京五輪に関わった人々は年齢を重ねた。鬼籍に入った人も多い。新聞記者として触れることができた証言や物語を、この機に残しておきたい。

第1章
円谷幸吉と君原健二

TOKYO
1964

ゼッケン67

大久保英幸は、長野県山ノ内町の小学2年生だった。近くには湯田中温泉があり、宿の好意で東京五輪期間中、客室の小型白黒テレビが学校の各教室に貸与された。

担任の男性教師は放映時間帯のほとんどの授業を休み、期間中は連日、教室のテレビで五輪中継を見せてくれた。

だから子供心に、マラソンのアベベ・ビキラや競泳のショランダー、陸上100メートルのボブ・ヘイズといった、スター選手の名が記憶に刻まれている。

だがなぜか、一番心に深く残ったのはアジアの無名のランナーだった。

陸上1万メートルの決勝。白熱のレースは終了したかに見えたが、1人の走者がいつまでも走り続けていた。周回遅れの彼は2周、3周と1人で黙々と走り続けた。スタンドの嘲笑はやがて止み、拍手が巻き起こり、最後は大歓声へと変わったのだった。

長野県の教員となった大久保は改めて調べ、あの走者がセイロン（現スリランカ）のカルナナンダだったと知る。カルナナンダは五輪期間中、東京都北区の赤羽台西小の運動会に招かれ、東京の小学生とも交流していた。

また1971年度と74～76年度には、光村図書の『小学新国語四年』に、「ゼッケン67」として取り上げられていた。

光村図書によれば、当時の同社の国語教科書のシェアは約50％を占めていた。当時の少年少女の約半数が、この教科書で学んだことになる。

《一万メートル決勝はオリンピック史をかざるげき戦となり、満場をわかせた。それだけでなく、この競技ではびりになったひとりの選手が、勝者におとらぬはく手をあびた。これは「勝つことだけではない、参加することだ」というオリンピックの理想をそのまましめしてくれた、ある選手の記録である》

格調高く始まる教材はレースの最後のシーンをこう記している。

《「おや、まだ走っているぞ」

「なんだ、二周も遅れたのか」

場内から「あきれた」というような声が起こった。観しゅうの目は、またトラックにもどった。ゴールを通りすぎたその選手は、目を引きつらせて二周目を走っていた。その真けんな顔つきや走りぶりを見た人々は、

「ゼッケン67だな。どこの国だろう」

「セイロンだ」

「カルナナンダという選手だ」

浅黒い顔やはだを光らせて走っているのは、セイロンから来た選手だったのである。

「がんばれよ、セイロン」

「しっかり、カルナナンダ」

いつの間にか、はく手が起こった。観しゅうの目は、トラックをただもくもくと走るひとりの選手に、次第に引き付けられていった。カルナナンダ選手は、真けんに走った。しかし、その二周めも終わりではなかった。カルナナンダ選手は、さらに三周めをはしりだした。そして、これが最後の一周であることがだれの目にもわかるように、スピードをあげだした。あらあらしく息をしているのであろうか。浅黒い顔から白い歯がのぞいていた。

観しゅうはどよめいた。もうひやかしたり、やじったりする者は、ひとりもいなかった。はげましのはく手が、スタンドいっぱいにわき起こった。そのはく手の中を、カルナナンダ選手は、マラソンのゆう勝者がただひとり場内にすがたをあらわしたときのように、走り続けた。だれもかれも、まるで自分の国の選手をはげますように、声をあげた。なみだを光らせながら、見つめている者もいた。

そして教材は、カルナナンダの言葉で締められていた。

《「わたしは、完走することができてしあわせだ。国には、小さなむすめがひとりいる。その

むすめが大きくなったら、おとうさんは、東京オリンピック大会で、負けても最後までがんばって走ったと、教えてやるんだ」》

教科書は課題として、児童らに「ゼッケン67の選手に対する観しゅうの気持ちの変化」や「カルナナンダ選手の気持ち」について、話し合うことを求めている。

感動を新たにした大久保は、校長を務める長野市立浅川小学校で全校児童を前に校長講話としてカルナナンダを物語った。

児童らの表情はきらきらと輝いていたという。だから2度目の東京五輪にも、少年少女の胸に刻まれる瞬間が一つでも多くあることを願っている。

カルナナンダは残念ながら1974年、母国スリランカで湖に転落する水難事故により、38歳の若さで亡くなった。

だが物語は終わらない。光村図書は2016年、中学3年の英語の教科書に「ナンバー67」と題して「ゼッケン67」の英訳文を復活させた。

国語教科書の「がんばれよ、セイロン」は「Keep going Ceylon」と訳され、読後の課題では「Keep going」に込めた観客の気持ちが問われていた。「立ち止まるな」。それが翻訳者の一番伝えたかった言葉だったのだろう。

さらにカルナナンダの孫娘は、介護福祉士の国家資格を得るために来日した。教科書で語られた「小さなむすめ」の、そのまた娘である。母から何度も聞いた、祖父が拍手で迎えられた国で学びたい。その思いが強かったのだという。

国語の教科書は、レースの優勝争いも生き生きと記している。

《いよいよ二十五周めになった。それまで先頭のグループで順位を争っていた、三人の外国の選手たちが、最後の力をふりしぼって走りだした。観しゅうは、身を乗り出した。

あと八十メートルだというのに、ぬいたりぬかれたりして順位がかわった。そして、ゴールの直前で、それまで三位だったアメリカのミルズが、一気にかけこんで、ゆう勝した》

最後の1周、バックストレッチをトップで駆けたのはオーストラリアの世界記録保持者、ロン・クラークだった。これをチュニジアのモハメド・ガムーディが激しく追ってトップを奪う。さらに最後の直線に入り、3位からのラストスパートで優勝をさらったのが、米国のビリー・ミルズだった。

ミルズは東京五輪まで無名の選手で、先住民族、スー族の居留地で育ったネイティブ・アメリカンだった。差別とも戦った孤独のランナー、ミルズの半生は、ロビー・ベンソンが主演した映画『ロンリーウェイ』に描かれている。レースのラスト半周は、映画の中でもクライマックスだった。

最後の最後でミルズにかわされたガムーディは4年後、メキシコ五輪の5000メートルで金メダルを獲得した。クラークに続いて4位でゴールしたエチオピアのマモ・ウォルデはメキシコ五輪のマラソンで優勝し、ローマ、東京五輪のアベベに続くエチオピア勢3連覇を達成した。6位には、日本の円谷幸吉が入賞した。円谷は、どのレースも手を抜かない。悲劇はこの時、すでに始まっていたのかもしれない。マラソンの本番をわずか7日後に控えて1万メートルの激走は過酷だった。

円谷の力走を、詩人のサトウハチローは翌日の産経新聞に「ありがとう円谷幸吉君」と題してこう記した。

《ボクはこの人を好きなのだ

ボクは心の中で

つぶらや　ツブラヤと叫びつづける》

《走る――これが自分に与えられた使命

円谷のカラダからそれがあふれている》

1万メートルを戦った多くの選手が1週間後のマラソンにも出場した。

優勝したミルズはマラソンでは14位に沈んだ。クラークはレースの序盤をアベベと並んで牽引したが、折り返し点を前に振り切られ、競技場の手前で君原健二にも抜かれて9位に終わった。1万メートルの死闘は、等しくランナーの足からスタミナを奪っていた。

恥の宝物

1993年5月15日、当時Jリーグのチェアマンだった川淵三郎は、国立競技場で高らかにJリーグの開会宣言を行った。

「スポーツを愛する数多くのファンの皆さまに支えられまして、Jリーグは今日ここに大きな夢の実現に向かってその第一歩を踏み出します。1993年5月15日、Jリーグの開会を宣言します」

照明が落とされたフィールドで一身にスポットライトを浴び、満員の大観衆の視線を独り占めにした。

それは苦難の末の、一世一代の晴れの舞台だったはずだが。それでも川淵によれば、東京五輪開会式の、あの興奮には及ばなかったのだという。日本代表のフォワードとして東京五輪に参加した川淵は、晴れがましい気持ちで入場行進に臨んだ。快晴の空のもと、大歓声に包まれ、最高の開会式だった。人生で、あれ以上の感激はないのだと。

だが、マラソン代表の君原健二にとっては、少し印象が違う。開会式はちょっと恥ずかしい、苦い記憶として残されている。

もともとリズム感には自信がなく、事前に行った軍隊式の行進練習でも、周囲と手足の動きが合わなかった。開会式は楽しみにしていたが、行進をうまく歩けるかどうかが心配でたまらなかった。

いざ本番では、晴れがましい気持ちで行進できた。それが嬉しくてならなかったのだが、2度目の東京五輪招致が成功したことを記念して復刻された当時の写真集を見ると、やはり自分だけが半歩後れているところが、はっきりと写っていた。それが悔しいのだという。

君原にとって、東京五輪は後悔の多い大会となった。

競技2日目の12日には重量挙げのフェザー級で三宅義信が金メダルを獲得し、日本選手団は上々の滑り出しを見せていた。

選手村は緊張感に溢れていたが、日程が進むにつれて競技を終えた選手が増え、次第に和やかな雰囲気となり、ざわつき始めた。マラソンは大会の最終盤に行われるため、雑音を避けるために選手村を出て、寺沢徹、円谷幸吉、君原の3人は神奈川県の逗子で合宿することになった。

もっとも、レース直前の練習は短く軽いもので、暇と時間を持て余した君原は、せっかくの世紀の祭典なのだからと、連日、片道2時間の列車に乗ってバレーボールや他の競技の五輪見物に出かけていた。当時は選手のＩＤカードがあればどこの会場でも入ることができた。コーチらも「仕方がないな」と君原を選手村に戻すことにした。寺沢も君原に付き合った。円谷だけがマラソンの本番を目指し、逗子で黙々と合宿を続けた。

日本選手団の全員には記念品として、五輪のポスターをデザインした絹のスカーフが配られていた。君原は選手村で、このスカーフに、日本の陸上競技の代表選手全員のサインを集めて回った。そこには円谷のものも含まれる。

後にテレビ番組の『開運！お宝鑑定団』にこのスカーフを出すと、１００万円の値がついた。もちろん売ることはない。君原にとってそれは大事な宝物だったからだ。

ただし君原は、「本当はコンディションの調整をしなくてはならない時に、それを疎かにしてサインを集めた、私の『恥の宝物』でもあるのです」と話している。

優雅な王者アベベ

10月21日、マラソンのレース当日がやってきた。

国立競技場はレース開始の3時間前、午前10時に開門し、スタンドは瞬く間に7万人の大観衆で満員となった。ロイヤルボックスには皇太子殿下、美智子妃殿下に挟まれ、浩宮様（現在の天皇陛下）が身を乗り出される姿もあった。

君原は控室で、バッグからシューズを出したり入れたりの動作を、何度も何度も繰り返して

10 月 21 日、東京の街中を走り抜けるエチオピアのアベベ（左、17 番）と、
その背中につかんとする円谷（右、77 番）

いた。緊張の極みにあったのだろう。周囲から指摘されるまで、そのことに自身では全く気づかなかった。

号砲は午後1時。

東京五輪のマラソンは国立競技場を発着点に甲州街道をひたすら西に進み、現在の「味の素スタジアム」に隣接する地点で折り返す42・195キロのコースで行われた。

一団となって競技場を後にした先頭グループから、7キロ過ぎ、早くもローマ五輪を制した「裸足の英雄」、エチオピアのアベベが抜け出した。これを追って並走したのは1万メートルの世界記録保持者で7日前の同種目で銅メダルを獲得したばかりのオーストラリアのクラークと、アイルランドのジェームス・ホーガン。円谷は10位前後から徐々に先行のランナーをとらえ、折り返し地点では5位に順位を上げていた。

エースと期待された君原は序盤から先頭集団に後れてしまった。折り返し地点の手前でアベべとすれ違ったことは、よく覚えている。

「アベベは、遊んでいるかのような軽い走りに見えました。後方の集団に円谷さんの姿もありました。さあ後半戦だ、頑張ろうと思ったのですが、体が動きませんでした」

クラークは折り返し前に先頭集団から脱落し、ホーガンもやがて引き離された。26キロ付近からはアベベの完全な独走となった。円谷は30キロでクラーク、35キロでホーガンをとらえ、ハンガリーのジョゼフ・シュトーとともに2位を争い、38キロでシュトーを振り切った。後方を走る英国のベイジル・ヒートリーは同僚のブライアン・キルビーに追い上げられ、キルビーから必死に逃げるうちに前方に円谷の姿が見えてきた。

調子が上がらない君原は、それでも粘りの走りでじわじわと順位を上げ、国立競技場の直前でクラークを抜いて8位でゴールした。現在なら入賞に数えられるが、当時の入賞は6位までだった。

その頃アベベも、円谷も、すでにゴールしていた。

当時の産経新聞によるアベベのゴールシーン。

《アベベは、まるでトレーニングにでもでかけたような顔をして帰ってきた。その細い黒いからだが国立競技場南口ゲートにおどりこんできたとき、競技場は、ちょうどふくらんだゴム風船に火がついた線香をつっこんだ感じで爆発的にハゼかえった》

そして詩人、サトウハチローは、「すばらしきかなアベベ」と題してこう記した。

《聖火がアベベを祝福している
ゴールにとびこんだアベベは
両手を二三回まわし
腰をゆったりとかがめ

話しかけるように青い芝をなでた

優雅な王者アベベ》

アベベに後れ、2位で競技場に姿を見せたのは、円谷幸吉だった。すぐ後ろを、英国のヒートリーが競技場に入ってきた。疲労の色濃い円谷を、ヒートリーが猛然と追う。無情にも円谷はトラックの第3コーナーでヒートリーに抜かれ、3位でゴールした。

NHKの北出清五郎による当時の実況は、まるで悲鳴のように聞こえる。

《円谷きました。円谷見えました。後方にヒートリー。頑張れ円谷。日本の円谷、あと250メートル。ヒートリーが差を詰めました。2位か3位か。銀メダルか銅メダルか。日本の名誉をかけて。円谷危ない。ヒートリーが追った。ヒートリーが抜きます。抜きました。まだチャンスはあります。デッドヒートです。あと100メートル。円谷、完全に疲れました。円谷、追いつきそうにありません》

だが、国立競技場を埋めた大観衆は、決して落胆の溜息ばかりをついたわけではない。円谷の力走を称え、銅メダルの快走を祝う声が大勢を占めた。ゴールの瞬間を、産経新聞はこう書いている。

《円谷がゴールにとびこんだ。競技場は大へんなさわぎ、そのなかをゆっくりとトラックからフィールドに足をはこんだ。しばふの上にぐったりと横たわり、大の字になった。その上に毛布がかけられた。四秒、五秒。毛布をかぶった肩が大きく波うっている。泣いているのだろう。むっくりと起き上がった円谷の上に、また、あらしのような拍手が降った》

円谷は「決して後ろを振り返ってはならない」という父の教えを忠実に守り、だから大歓声の国立競技場のトラックで、ヒートリーに抜かれるまでその存在に気がつかなかったとされる。レース直後のインタビューではアベベが「メキシコ五輪ではツブラヤと一緒に走ってボクが1位、ツブラヤは2位になる」と宣言し、これを聞いた円谷は「この次は必ずアベベに勝ちます」と反発した。

君原は、そんなやり取りなど知らない。

疲れ切ってゴールし、控室の簡易ベッドに倒れるように横たわると、そこに円谷がいた。なんとも悲しげな表情をしているので、声もかけられなかった。

「ひょっとして円谷さんは、棄権してしまったのかな」

君原にそう思わせたほど、沈痛な面持ちだった。

すぐに、円谷は銅メダルを獲得したが、国立競技場のトラックで、国民の面前で抜かれたことを深く悔やんでいたのだと知った。

表彰式ではエチオピア、英国の国旗とともに、円谷の銅メダルを称える日の丸が掲揚された。これが東京五輪のメイン会場、国立競技場で表彰式に掲げられた、唯一の日本国旗となった。

表彰台に上がり、円谷も恥ずかし気な笑みを見せて両手を上げ、大歓声に応えた。それでも内心は、競技場のトラックでヒートリーに抜かれたレースを許すことはできなかった。

しかし君原はいう。

「円谷さんは自己記録を2分近く上回っての3位でした。私は自分の記録より3分半も遅く、8位でした。自己記録で走っていれば2位で、銀メダルを獲得していたことになります。それが許せませんでした」

レースの当夜、宿舎に帰り、君原は悔恨の日記を書き残した。

《おれは世界の選手を相手にレースをするには、まったくだめな男だ。こんな大事なレースにおれは何度レースを投げようとしただろうか。まったく恥ずべき態度だ》

2日後の日記は、さらに激烈である。

《おれの横には、すばらしい成績をおさめた人間（円谷）が寝ている。すべての人からほめたたえられる。それを見てねたみ、さびしくなる》

人に見せるためのものではなく、自分のための日記だった。

「だからそれが、当時の正直な気持ちだったのだと思います」と、君原は述懐する。

君原はレースの翌朝も早く起きて、神宮外苑を走った。それが日常だったからだ。

するとどうだろう。まるで雲の上を走っているように、自由にのびのびと走れるではないか。

走るということが、これほど気持ちのいいものだったのか。

レースまでは職場の、地域の、国の代表としての責任があり、これらがどれだけ重かったのかを物語る。それが一気に全部解放されたということなのだろう。

混沌の閉会式

元ＴＢＳのアナウンサー、山田二郎は当時28歳の若手だったが、東京五輪閉会式の実況に抜擢された。放送席のゲストは詩人で作詞家の藤浦洸だった。藤浦は『別れのブルース』『一杯のコーヒーから』『すずかけの道』といった今も親しまれる流行歌の歌詞で知られ、やがてデビューする美空ひばりとのコンビで『東京キッド』『悲しき口笛』『私は街の子』などのヒットを連発する。

国立競技場で最後の馬術競技が終わり、閉会式が始まった。

いよいよ選手入場である。

国別に整列して行進するはずの選手らが、一団となって入ってきた。肩を組む者、記念撮影に忙しい者、輪になって踊り出す者、誰彼なく肩車で持ち上げる選手。日本の旗手、競泳の福井誠も外国選手が作る騎馬上の人となった。閉会式当日に英国から独立したザンビアの選手団も、新たな国旗とともに担ぎ上げられた。

予定外の光景に、思わず山田は「これは何なのでしょう」と言葉を発した。

藤浦の答えは「これがオリンピックです」だった。

さすがは作詞家、うまいことをいう。

無秩序、混沌。ただ、誰もが笑顔に溢れていた。スーツ姿もジャージーの選手も入り乱れ、誰がどこの国の選手かでさえ定かではなかった。競技を終えた解放感、大会が終わろうとする寂寥感、そうした気持ちが入り交じってお祭り状態を作り上げたのだろう。

これが「平和の祭典」を象徴する姿と映り、閉会式の「東京スタイル」は、以降の五輪でもスタンダードとなった。

ただ、山田は必死だった。画面を見ながら日本人選手やメダリスト、知った顔を見つけてはその名を呼び続けるしかなかった。

冷や汗ものの中継だったが評判はよく、会社の幹部も喜んで、次も頼むと1972年の札幌冬季五輪閉会式も山田、藤浦のコンビに任された。

東京、札幌両五輪の閉会式を中継したアナウンサーは、山田だけだという。

「当時はニュース映像でしか五輪を見ることができず、過去の閉会式の入場行進なんて誰も見たことがない。だから事前準備のしようもなく、それがよかったのかもしれません。準備万端だったら、もっと慌てたことでしょう」

興奮や感動は、予定調和の外にある。だからこうも思っている。

「最近の五輪は、少し作り込み過ぎてはないですかねえ」

この話を伺ったのは2017年、次の東京五輪は3年後のはずだった。2度目の東京五輪への期待も聞いたが、来年のことをいうと鬼が笑うという。

「5年先の話をしたら、鬼がなんてって笑うんだい。笑いように困ってんじゃねえか。鬼がよう」と、これは浪曲師、広沢虎造『石松三十石船道中』の名調子。

船上でのやり取りは、

「江戸っ子だってねえ」

「神田の生まれよ」

の有名な問答に続く。

『石松と七五郎』

『追分宿の仇討ち』

『石松の最期』

こうした虎造の定番「清水次郎長一家」をうなる演目の数々から、「馬鹿は死ななきゃ治らない」「あっと驚く為五郎」などの流行語が生まれた。

山田は虎造の次男であり、アナウンサー引退後の肩書は「二代目虎造浪曲継承会」の代表でもある。しゃべる仕事に就いて分かったのは、父親の芸の確かさだった。

間の取り方、強弱のつけ方。学びたい、近づきたい。だから、盲目のラジオ聴取者から「山田さんの中継は野球場の広さが分かる」といわれた時は嬉しかった。「やってきたことに間違いはなかったんだ」と、父親に近づけた気がしたのだという。

閉会式の混沌については諸説ある。

自然発生的に外国選手が騒ぎ出したという者もあれば、組織委員会側が演出効果を狙って入場前の選手らに酒をふるまったのだとも伝えられる。真相は不明だが、混乱はこれだけでは収まらなかった。

閉会式を終えた選手や大会関係者は新宿御苑に移動した。午後6時半から組織委員会の主催で開かれる「サヨナラパーティー」に向かうためだ。ＩＯＣ委員や各国の役員、選手ら出席者の総勢は1万人を超えた。

紅白の提灯の灯が揺れる中、選手らは閉会式の興奮をそのまま会場に持ち込んだ。寿司や焼き鳥、てんぷらの屋台に選手らが列をなし、誰彼となく乾杯を重ねていく。秋田名物の提灯踊りが始まると、選手らは法被や提灯を若者から取り上げて踊りの輪に加わり、大騒ぎとなった。

宴の終わりを告げる『蛍の光』が流れても、選手らは濡れた芝の上に座り込み、飲み続け、

８位となった君原は、もう五輪はこりごりと退部届を出すことに。しかし、円谷との縁もあり、その後も延々と走り続けることになる

東京の最後の夜から、なかなか去ろうとしなかった。

このパーティーを見たさに招待状を持たずに塀を乗り越え、柵をくぐって不法に入場した少年12人が警視庁四谷署に見つかって説教され、1人は始末書を取られた。

君原は、酒に酔った外国選手に日本選手団の帽子を奪われた。大事な記念の帽子である。君原は追った。懸命に追い続けた。君原から逃げ切れる者がそうそういるはずがない。とうとう君原は追いつき、帽子を取り戻すことができた。

こうして東京五輪は終えた。

君原は北九州に戻るとすぐに、八幡製鉄のコーチだった高橋進に、陸上競技部の退部届を出した。

五輪選手としていい成績を挙げる責任や応援のプレッシャーが辛かったことを考えると、もうオリンピックなんて嫌だ、競技を辞めたい。そう考えたからだ。他の選手は皆、仕事をしながら練習しているのに、マラソン選手だけはセミプロになっている。アマチュアリズムに反しており、価値がない。そうも考えていた。

退部届は、高橋の預かりとなった。

五輪後、競技から離れた君原と、すぐにメキシコでの雪辱を誓った円谷の、対照的な歩みがここから始まる。同学年のライバルだった2人のランナーの交錯を、しばらく追ってみたい。

2人の少年

君原健二は1941年3月20日、福岡県の小倉に生まれた。1940年5月13日に福島県須賀川町で生まれた円谷幸吉とは、同学年になる。

幼少期に将来の人生観を変える衝撃的な出来事もあった。長崎に落ちた原爆である。

君原が4歳の1945年8月9日、原爆を積んだ米国の爆撃機は小倉の上空を何度も旋回した。前日には隣町の八幡が空襲に見舞われ、その煙が小倉の空にも漂ったままだった。爆撃機は視界不良から小倉への原爆投下を諦め、長崎に向かった。

小倉に落ちていれば、死んでいたかもしれない。

そう思うと後々、走ることの意味や無駄といった考えに全く関係なく、頑張ることができるようになったのだという。

「小倉生まれで玄海育ち口も荒いが気も荒い」は、お馴染み『無法松の一生』冒頭の謳い文句だが、君原はこの歌詞とはほど遠い少年だったらしい。

勉強もスポーツも苦手で、夢も希望もなく、気が弱くて、喧嘩なんてとんでもない。そんな子供だったのだと自ら振り返る。

大事に取ってある小学校の成績表には先生の評価が付されている。

たとえば1年生の時は「内気にて意志弱く、積極的に発表することもなし」。

5年生の通知表には「温良ではあるが絶えずぼんやりとして真剣味がない。積極的に努力する気が少しも見られず、態度に明るさがない」とあった。

後の五輪の英雄に対して、当時の担任はなんとも容赦がない。

それでも君原には、小さな欲があった。

それは成績が劣っていることを恥と思い、恥を少しでも小さくしたいという劣等生の小さな欲だったのだと話す。

そのためには努力しなくてはならない、頑張らなくてはならない。それは君原の競技者としての信条となった。発想の原点は、小学生の頃に芽生えていたことになる。

「紙一重の微々たる成果でも、何百枚と積み重ねれば一冊の本となります。決して無駄な努力なんてあり得ない。努力は必ず報われる。惜しむことなく努力することが次第にできるようになっていったのだと思います」

走ることも苦手だった。

小学校の運動会で1位になったことは一度もなかった。走ることに、興味も関心もなかった。

ところが中学2年の時、クラスメートから「駅伝クラブ」に誘われた。クラブに入ったのは、せっかく誘ってくれたのに、断る勇気がなかったからだという。

その級友の勧誘が君原の人生を変えた。

「走ることで多くの人との出会いがあり、指導がありました。おかげで人間として変わることができたのです。あの級友には、どれだけ感謝しても足りません」

円谷幸吉が生まれた須賀川町、現在の須賀川市は、福島県のほぼ中央に位置する。内陸部のため、東日本大震災では津波の被害こそ免れたものの、震度6強の強い揺れと農業ダムの決壊などで甚大な被害を受けた。

本来は「つむらや」と読む円谷姓は須賀川では珍しくないようで、市の電話帳には圓谷姓も含めて70世帯以上の記載があった。

須賀川はまた、特撮王、円谷英二の故郷でもある。

円谷英二は映画『ゴジラ』の特撮を担当し、テレビではウルトラマン、ウルトラセブンなどの人気シリーズを生んだことで知られる。2両編成の東北本線に乗り、須賀川駅に着くと、まず目に入るのが「姉妹都市宣言」だ。

《須賀川市は、M78星雲　光の国と姉妹都市になりました》

町中では通り沿いにウルトラ兄弟や一族に加えて、ゴモラ、エレキング、カネゴンといったお馴染みの怪獣の像が並び、日が暮れるとライトアップされる。もちろん、幸吉の少年時代にはなかった光景である。

幸吉は農家の7人兄弟の6男として生まれた。地元の小学生時代は勉強でも運動でも特に目立つことはなかったという。このあたりは君原と共通している。中学でも校内のマラソン大会で上位の成績を残したが、優勝はなく、陸上部に入ることもなかった。

須賀川高校に進学しても、放課後の活動に選んだのは珠算部だった。それ以降も剣道部、速記部への入退部を繰り返した。ようやく陸上を本格的に始めるのは高校2年の時だったというから、極端な遅咲きである。すぐ上の兄、5男の幸造が中距離と走り幅跳びの選手としてインターハイに出場したことに影響されたらしい。

陸上競技部に入部し、3年生時には全国レベルの大会に出場するまでに進歩する。高校3年のインターハイには5000メートルに出場したが、決勝には進めなかった。君原も同じ大会の1500メートルに出場したが、予選で敗退した。

2人とも全国に知られる選手ではなく、互いの存在も知らなかった。

円谷は高校卒業後、陸上自衛隊に入隊し、郡山駐屯地に配属となった。ここで同僚と郡山自衛隊陸上部を立ち上げて地道に実績を積み、1962年、東京五輪を目指して前年に開校したばかりの自衛隊体育学校に入校した。

君原は、就職試験に落ち続けていた。1958年3月、高校の卒業式直前になっても、まだ就職先は決まっていなかった。地元の八幡製鉄の入社試験も受けたが、落ちた。

世の中は皇太子殿下（現在の上皇陛下）のご成婚、ミッチー・ブームに沸き返っていた。毎日新聞がご成婚を記念して大阪から東京までの大駅伝大会を開催することになった。八幡製鉄も参加を決めたが、走る選手が足りない。

「なにしろ卒業式の直前ですから、就職も進学も決まっていない一流選手なんてもういません。落ちこぼれの選手を探して、私が誘われたのです」

走ることに未練はなく、卒業後は陸上を続ける気はなかった。それでも他に進路のあてはなく、入社試験に落ちていた八幡製鉄に就職し、陸上競技部に入部した。当時の八幡製鉄は国内でも一、二を争う強豪チームで、最初は練習についていくことさえできなかった。

せめて先輩ら皆の邪魔にならないよう、少しでも強くならなくてはならない。強くなるには練習を頑張るしかない。

全体練習の終了後も、グラウンド1周でも、半周でも余計に走ろう。せめてあの電柱まで走って折り返そう。そうした努力の紙の一枚一枚がやがて一冊の本となる。そう信じた。何よりここで、名コーチの高橋進と出会ったことが大きかった。

次第に頭角を現した君原は1961年、秋田国体の5000メートルで3位となった。2位は円谷だった。2人にとってこれが、初めて全国大会で入賞したレースとなった。

君原の印象に残っているのは「円谷姓」の珍しさと、彼が予選から全力で走ったことだった。普通は決勝に向けて力を溜めて走るところ、円谷は当時から、一切手を抜かなかった。

2人は同じ表彰台に上がったが、ここではまだ、会話はない。

1963年には、翌年に五輪を控えて2人ともニュージーランド遠征のメンバーに選ばれた。2カ月近い合宿となったが、ここでも君原には、円谷とろくに会話を交わした記憶がない。2人とも、人と気軽に話すことは得意ではなかった。

君原が驚いたのは、遠征の帰りに立ち寄った香港で、円谷がダイヤモンドの指輪を買ったことだった。円谷には当時すでに、指輪を渡す相手がいたことになる。そしてこの指輪が後に、円谷の悲劇を象徴する。

当時は日本人が外国に行くことさえ珍しく、心配した会社から君原も一時金をもらっていた。円谷に触発されて、君原も指輪を買った。ただ、日本に帰っても渡す相手のあてはなく、結局その指輪は、母親にお土産として渡した。

君原にとって、円谷との最も楽しかった記憶は、東京五輪の2カ月前に札幌のトラックで行われた記録会だった。1万メートルで円谷が1位、君原が2位となった。2人とも当時の日本記録による快走だった。

一緒にお祝いをしようと、競技場近くの売店でビールを買い、円谷と彼のコーチの畠野洋夫二等陸尉、練習パートナー2人と君原の5人で公園の縁台に座り、乾杯をした。飲めば円谷は冗談もいい、明るい人だったのだという。何より円谷と、畠野コーチや練習パートナーとの仲のよさが君原には印象的だった。

和やかで楽しかった札幌の縁台とビールの味が懐かしく、君原には生涯忘れられない記憶となった。

かわいそうな英雄

東京オリンピック後に話を戻す。

円谷は東京大会後の会見でも「メキシコ五輪を目指して4年間、頑張ります」と宣言したが、五輪で国立競技場に唯一の日の丸を掲げたメダリスト、国民的英雄として講演や記念大会のゲストなどに引っ張りだことなり、陸上界や自衛隊の広告塔として、多忙な日々を余儀なくされた。円谷はただ、走りたかったのだろう。だが、練習不足のまま本格的に競技に復帰したのは翌年の夏にずれ込み、陸上自衛隊の幹部候補生学校での教育も重なった。

香港で買った指輪の相手とは結婚の約束もし、両親にも報告して日取りまで話し合われていた。だが、自衛隊の上官から「メキシコを目指す妨げとなる」と反対され、ついには破談となった。婚約者からは、指輪やそれまでに交わした手紙などが返送された。

結婚に賛成していた畠野コーチや練習パートナーらもそれぞれ異動させられ、円谷のもとを去った。君原が羨んだ「チーム円谷」はバラバラとなった。

競技では思うような結果が出ず、無理もたたったのだろう。腰痛が悪化し、アキレス腱も痛めた。1967年には椎間板ヘルニアの手術を受け、入院は約3カ月に及んだ。退院後も調子は上がらず、肉体的にも精神的にも追い込まれていった。

北九州に帰り、八幡製鉄陸上競技部に退部届を出した君原も約1年間、競技生活から完全に遠ざかっていた。君原を競技者として復帰させたのは「マラソン博士」や「策士」の異名を取り、後にはダイエーで中山竹通らも指導する八幡製鉄のコーチ、高橋進だった。

もう五輪はこりごりと、陸上競技部から距離を置いていた君原に、高橋が声をかけた。

「次のオリンピックは高地のメキシコで行われる。そのため高地でのスポーツが選手の肉体にどういう影響を及ぼすか、メキシコに調査団を派遣することになった。そのモルモット役として参加してみないか」

モルモットでメキシコに行ける。これが君原にはなんとも魅力的な提案に思えた。

まんまと高橋の策に乗り、メキシコで1カ月の合宿に参加した。帰国後はプレッシャーのかからない小さな大会から少しずつ走り始め、１９６６年の別府大分マラソンで3位に入った。このレースはその年のボストンマラソンの選考も兼ねていたため、君原はボストンに派遣されることになった。

その1カ月前には、文通相手だった佐賀県の女性と、高橋の仲人で結婚していた。「君原は結婚したから走れなくなった」。そう笑われたくない一心で走り、なんと世界最古の国際マラソンという歴史を誇るボストンで、君原は優勝してしまった。

それでも君原はまだ、メキシコを目指す気持ちにはなれなかった。高橋は、君原の新婚生活が落ち着くのをじっと待った。頃合いを計って、高橋の説得が始まった。

「青春時代にしかできないことは青春時代にやっておかなければならない」

「肉体の限界は年老いてから極めることはできない」

君原は「東京五輪で限界は極めました。満足です」と固辞を続けたが、ついに高橋の熱意に根負けし、再びマラソンで五輪を目指すことに合意した。１９６７年には別府大分を制し、メキシコでプレ大会も走った。明けて68年の1月9日である。競技に復帰した君原に、悲報が届いた。

盟友円谷の、自死の知らせだった。

当日は北九州で八幡製鉄陸上競技部の激励会が開かれていた。訃報は、新聞記者からの電話で知った。

君原は「とにかく悔しかった。五輪をともに戦った戦友のような思いがあり、同学年の親しみもありました。悔しくて歯がゆくて、グラウンドに出て、がむしゃらに走った覚えがあります」と振り返る。

当日の日記に、君原はこう記した。

《なんてかわいそうな英雄だろう。オリンピックの民族の英雄といえども個人だ。民族の期待に応えようが応えまいがどうでもよい。自分が競走したいから選ばれたのだから、勝手に競走すればよいのだ。彼の死は、今のゆがんだスポーツのあり方に大きな波紋を投げるであろうが、ただすことはできないだろう》

慨嘆と怒りの記述である。

そして君原の予言は、悲しいかな、的中したままだ。

「もう走れません」

円谷はこの年、正月を須賀川の実家で過ごした。最後の家族の団欒となった。

1月5日に自衛隊体育学校の宿舎に戻り、9日未明、宿舎の自室で右頸動脈をカミソリで切断し、亡くなった。27歳の若さだった。

部屋には自衛隊関係者と、家族にあてた遺書が残されていた。

自衛隊関係者あての遺書には上官らの名を挙げ、

「済みません」

「何もなし得ませんでした」

「御厄介お掛け通しで済みません」

「お約束守れず相済みません」

「メキシコオリンピックのご成功を祈り上げます」

と、謝罪の言葉ばかりが並んでいた。

「父上様　母上様　三日とろゝ美味しうございました、干し柿もちも美味しうございました」

で始まる家族にあてたものは、おそらく日本で一番有名な遺書だろう。

兄弟一人ひとりの名を挙げて食べ物、飲み物、厚情のお礼を重ね、17人の甥や姪の名も一人ひとり挙げて「立派な人になってください」と記した。

最後は「父上様母上様　幸吉は、もうすっかり疲れ切ってしまって走れません　何卒お許し下さい。気が休まる事なく御苦労、御心配をお掛け致し申し訳ありません。幸吉は父母上様の側で暮しとうございました。」と締めくくられていた。

遺書の現物は、今も須賀川市の「円谷幸吉メモリアルホール」の壁にある。遺書にある染みは、すぐ上の兄、五男の幸造が落とした涙の痕だという。遺書に「幸造兄、姉上様、往復車に便乗さして戴き有難とうございました。モンゴいか美味しうございました。」と記され、円谷に陸上競技への憧れを持たせた兄だ。

川端康成は円谷の遺書について、雑誌『風景』に《この簡単平易な文章に、あるひは万感をこめた遺書のなかでは、相手ごと食べものごとに繰りかへされる『美味しゆうございました』といふ、ありきたりの言葉が、じつに純ないのちを生きてゐる。そして、遺書全文の韻律をなしてゐる。美しくて、まことで、かなしいひびきだ》と記し、《千万言も尽くせぬ哀切である》と評した。

三島由紀夫は、円谷が亡くなってわずか4日後の産経新聞夕刊に「円谷二尉の自刃」「孤高にして雄々しい自尊心」と題する手記を寄せた。

《円谷選手の死のような崇高な死を、ノイローゼなどという言葉で片付けたり、敗北と規定したりする、生きている人間の思い上がりの醜さは許しがたい。それは傷つきやすい、雄々しい、美しい自尊心による自殺であった》

手記は、円谷に自作の『林房雄論』から《純潔を誇示する者の徹底的な否定、外界と内心のすべての敵に対する自己破壊的な否定……、言ひうべくんば、青空と雲とによる地上の否定》の句を贈り、《そして今では、地上の人間が何をほざこうが、円谷選手は、「青空と雲」だけに属しているのである》と締めくくられていた。

円谷の2通の遺書について、君原はこう話した。

「円谷さんの、家族一人ひとりに対する思い、愛情が溢れていました。また円谷さんは、とても真面目な方でした。特に自衛官として国を防衛するという職務に強い責任感を持っておられました。その責任感が、競技者円谷にも移行していたのだと思います。東京五輪では国立競技場の中で国民の面前で抜かれてしまい、国民に申し訳ないことをした。だから次のメキシコでもう1度メダルを取るんだ。それは国民との約束だと、東京五輪を終えてリフレッシュすることもなく、すぐに次の目標に向けて走り出した。円谷さんは強い人で、英雄でしたから、周囲に彼を救える人がいなかったのだと思います。『そんなに競技にこだわることはないぞ』と、円谷さんにいうことができたのは、同学年で、東京五輪後は勝手気ままに走っていた私だったのかもしれません」

メキシコでの雪辱に強い義務感を持った円谷と、もう五輪はいいやと競技から離れた君原。円谷の結婚は破談となり、君原は文通相手と結婚した。結婚に賛成した畠野コーチは異動の形で円谷のもとから引き剥がされ、高橋コーチは君原の仲人を務め、復帰の機が熟すのをじっと待った。

君原の悔恨は続く。

「円谷さんの東京五輪の銅メダルは、チーム円谷の賜物と思っていました。信頼するコーチや2人の練習パートナーとの間はいつも和やかで、明るい会話が聞こえていました。しかし、結婚に賛成したコーチも練習パートナーも異動させられ、円谷さんは1人になってしまった。孤独だったのだと思います。メキシコ五輪の2年前、円谷さんが訓練で久留米に来ることがあり、彼から手紙をもらいました。それなのに私は、会いに行きませんでした。なぜ行かなかったのでしょう。私の冷たさでしょうか。もっと杯を傾け、円谷さんと話をしていればと、悔やんでも悔やみ切れません」

2人で取った銀メダル

1月13日、市ヶ谷の駐屯地で営まれた円谷の自衛隊葬では、君原とコーチの高橋進が連名で打った弔電が読まれた。

「ツブラヤクン　シズカニネムレ　キミノイシヲツギ　メキシコデ　ヒノマルヲアゲルコトヲチカウ」

よく知られた君原の友情によるメダル獲得宣言だが、君原によれば、文面は高橋が考えたもので、事前には何の相談もなかった。君原は文面を知らなかったのだという。

君原はまだメキシコ五輪のマラソン代表選手に選ばれていたわけでもなく、何よりも円谷を失ったショックから立ち直れずにいた。メキシコでの日の丸を誓うような気分とはほど遠かった。

事実、メキシコ五輪に臨むマラソンの代表選手選考は熾烈を極めた。

当時の日本の長距離界は充実していた。五輪前年の1967年12月、福岡国際マラソンではオーストラリアのデレク・クレイトンが人類が初めて2時間10分を切る2時間9分36秒の驚異的な世界最高記録で優勝し、2位の佐々木精一郎も当時の世界記録で走った。五輪年2月の別府大分では佐々木が優勝し、2位には采谷義秋、君原は3位だった。さらに、びわ湖毎日では宇佐美彰朗が優勝。2位は采谷、3位は君原だった。

五輪代表選手選考の対象3レースで優勝した佐々木と宇佐美の代表はすんなりと決まった。残る一つの椅子は、順当なら二つのレースで君原に先行した采谷が選ばれるはずだが、ここでコーチの高橋進が熱弁を振るった。

曰く、五輪には五輪の経験者が必要である。メキシコは高地の特殊な環境にあり、君原には過去にメキシコでの競技経験があるが、采谷にはない。佐々木、宇佐美、君原には専属コーチがいるが、采谷にはいない、などなど。ついに高橋が押し切る形で、メキシコ五輪マラソンの三つ目の切符は君原が手にすることになった。

後にソウル五輪の男子マラソン、アトランタ五輪の女子マラソンなどで繰り返された選考を巡るごたごたの元祖ともいえるが、メキシコでは結局、君原が結果を出した。

メキシコ五輪は1968年10月12日、メキシコシティーのエスタディオ・オリンピコ・ウニベルシタリオで開幕した。マラソンは20日。スタートラインに立った君原は、初めてここで円谷に思いを馳せた。

「このスタートに本当に立ちたかったのは、円谷さんだったはずだ。今日は、円谷さんのために走ろう」

海抜2240メートルの高地で行われたメキシコ五輪のマラソンは、予想通り、過酷なレースとなった。優勝したのはエチオピアのマモ・ウォルデだった。ローマ、東京のアベベの連覇に続いてエチオピアの3連覇を飾ったが、タイムは平凡過ぎる2時間20分26秒だった。アベベは17キロ地点で棄権した。

日本のエース格で五輪に臨んだ佐々木も35キロで棄権した。高地のレースは本当に厳しく、君原も走り出してからは、円谷のことを思い出す余裕はなかった。ただゴールの競技場が見えてきた時、君原は不思議な感覚を味わった。

「私は後ろを振り向いたのです。そこに激しく追い上げてくる選手の姿がありました。普段の私は、レース中は極力、振り返りません。遅くなりますから。なぜ振り向いたのかは分かりませんでした」

ニュージーランドのマイケル・ライアンがそこにいた。君原はライアンの猛追を振り切って2位でゴールした。

「これは後で思ったことですが、円谷さんの無念、教訓が私を振り返らせたのではないでしょうか。円谷さんは、小学生の時に後ろを振り返って、お父さんに厳しく叱られたことがあり、その後は決してレース中に後ろは見なかったそうです。東京五輪の国立競技場のトラックで、円谷さんが振り返って英国のヒートリーの位置を確認していれば、彼に追い抜かれることはなかったかもしれない。そういう無念と教訓です。私が2番を走っていることは分かっていました。1人に抜かれても表彰台には立てる。そうも思ったのですが、ここまで来たら絶対に追い抜かれまいと、必死に走りました。円谷さんがメキシコで欲しかったのは、東京と同じ銅メダルではなく、それを上回る金か銀メダルだったはずですから」

君原は2時間23分31秒の2位で銀メダルを獲得した。ライアンとは14秒差のゴールだった。

オリンピックの男子マラソンでは、1992年バルセロナ大会で森下広一も銀メダルを獲得したが、君原を超える日本人の金メダリストは、いまだに誕生していない。

「後から振り返ると、東京からメキシコへと、よくぞオリンピックのマラソンで銅メダル、銀メダルと続いたものです。私の場合は円谷さんの支援をいただき、円谷さんと一緒に取った銀メダルだったと思えるのです」

ゴール無限

君原のオリンピックは、メキシコでも終わらなかった。1972年のミュンヘン五輪でもマラソン代表に選ばれた。しかもオリンピア・シュタディオンで行われた開会式では、最終走者の伴走という大役を担った。

オリンピックの五つの輪は5大陸を表している。開催国ドイツの最終走者を四つの大陸を代表する選手が伴走し、前回大会のマラソン銀メダリスト、君原はアジアを代表して伴走を務めることになった。告げられたのは、開会式の前日である。

大役を果たして君原は、もう半分は五輪を終えたような気持ちになっていた。そんな気分を吹き飛ばしたのは、選手村で起きたパレスチナ過激組織「黒い9月」によるテロ事件である。テロリストはイスラエルの重量挙げ選手とレスリングコーチを殺害し、9人を人質に立てこもった。ミュンヘンの警察隊は救出に失敗し、銃撃戦の末にテロリスト5人と人質9人の全員が死亡した。警官1人も亡くなった。

　君原はもう、レースが中止になっても構わないとさえ思っていた。だが、マラソンは、1日の延期で実施された。

「走り出して10キロぐらいで足が重く、今日のレースはだめだと思いました。ただ心ではそう思っても、肉体が諦めていませんでした。競技場に着いた時には、もう楽をしたいという気持ちでしたが、5位でゴールした後、すぐに2人の選手が飛び込んできました。あの時楽をしていたら、2人に抜かれていたでしょう。レースは最後まで気を抜いてはいけないと改めて教えられたレースでした」

　東京五輪8位、メキシコ五輪2位、ミュンヘン五輪5位。君原は五輪マラソンを3度完走し、すべて1桁の順位だった。空前絶後の大記録である。

　NHK大河ドラマ『いだてん』の主人公となる金栗四三もストックホルム、アントワープ、パリと3度の五輪マラソンを走ったが、完走はアントワープ大会の1回だけだった。宇佐美彰朗も3度の五輪に出場したが、1桁順位は一度もなかった。瀬古利彦は優勝が期待されたモスクワ大会を国が参加をボイコットし、ロサンゼルスは体調を崩して14位、全盛を過ぎたソウルは9位に終わった。君原と同じ高橋進にも師事した中山竹通はソウル、バルセロナと2大会連続で4位に入賞したが、出場はこの2大会で現役を退いた。

ローマ、東京の五輪を連覇したエチオピアのアベベはメキシコでは途中で棄権した。メキシコで優勝し、ミュンヘンでも銅メダルの表彰台に上がった同国のマモ・ウォルデも、東京では完走できなかった。モントリオール、モスクワ五輪を連覇した東独のワルデマール・チェルピンスキーは、ロサンゼルス五輪を国がボイコットして欠場した。

君原の五輪3大会1桁順位は誰も達し得なかった大偉業なのだが、それでも君原は、「いえ、金栗先生は戦争による中止を挟んでの3度の五輪ですから、私とは比べられません」と、あくまで謙虚な姿勢を崩さない。そこが君原らしさでもある。

ミュンヘンの入賞で招待された翌年のギリシャ古代マラソンが君原にとって、競技者としての最後のレースとなった。32歳の現役引退だった。

引退後は新日本製鐵（現・日本製鉄）を退社し、60歳まで九州女子短期大学で教鞭を取った。「これまで2本の足で走ってきたので、これからは2輪で走ってみよう」と、58歳の時に自動二輪の免許を取り、1450ccのハーレーダビッドソンのバイクを買った。四国に1人でお遍路さんの旅に向かい、無計画に札所を回ってみたが、参道は狭い、バイクはでかい、腕は未熟で、恐ろしい思いをしたのだという。

ハーレーには10年乗って維持費がかかり過ぎるからと、小さなバイクに替えた。その間も走り続けた。

最後のフルマラソンは、２０１６年のボストンマラソンだった。世界最古の国際マラソン、ボストンマラソンは粋な大会で、優勝者は50年後の大会に招待される。君原は東京、メキシコ五輪の中間年、１９６６年のボストンで優勝しており、50年後の２０１６年大会に招待された。

当時75歳で74回目のフルマラソンを、君原は４時間53分14秒で完走した。特筆すべきは、五輪３大会を含む35回の競技マラソンと、その後に一般ランナーとして走ったフルマラソンを含めた74回のすべてを、一度の途中棄権もなく完走したことだ。

これもまた大変な記録なのだが、それでも君原は、胸を張らない。

「棄権が一度もないといっても、中身からいえば自慢できないレースもありました。このまま走り続けても駄作のようなレースになるが、止めれば収容車が来るまで恥を晒さなくてはならない。それならば、ゆっくりとでも走れば、次のレースの練習の一環にはなるかもしれない。そうしたレースのことです。ただ、皆さんから一度も棄権していないのは立派だといわれるようになり、完走しなくてはいけないと思うようにはなりました」

そういう人なのである。

どうすれば君原のような人になれるのか。君原語録ともいえる『人生の走りかた　あなたにも自分に合った生き方のストライドがある』（勁文社刊）という著書がある。見出しを一部拾ってみるだけでも興味深い。

「劣等感は忍耐を育てる養成ギプスである」

「臆病者でもいいじゃないか」

「ゴールテープを切りたければ自分のペースで走ること」

「紙一枚は薄いが重ねれば本になる」

「走れないと感じたら目の前にニンジンをぶら下げよ」

「自分を知らぬ者ほど他人の目を拒絶する」

「山を直線的に進む登山家はいない」

「苦しいと感じるのは成長している証拠である」

「生きていることそのものが幸せなことである」

「歩いてでもゴールする這ってでもゴールする」

「人生はタスキを渡す駅伝に似ている」

訥々と話す君原の言葉は名言、至言、教訓の宝庫である。ただそこに、自慢はない。

「それだけ、いろいろな人に教わってきた内容が多いということでしょうか。走ることで多くの人にお会いすることができて、本当に幸せだと思います。その意味では、私を陸上競技に誘ってくれた中学のクラスメートは、人生の大恩人ですね」

もうフルマラソンを走るつもりはない。それでも走ることは続けている。

「地球の1周は、約4万キロといわれます。私は東京オリンピックまでに地球1周分を走り、現在は5周目を走っています。最近は走る量が減って、なかなか進みませんけど。私は『ゴール無限』という言葉が好きで、常に目標や希望を持ち続けることが、充実した人生の生き方だと思っています。今はなんとか、地球5周目の完走を目標にしたいと考えています。走れるかもしれません」

メモリアルマラソン

東京オリンピックのマラソンで銅メダルに輝き、メキシコ五輪を前に自ら命を絶った円谷幸吉は今、福島県須賀川市内の十念寺に眠っている。

市内の須賀川アリーナ内にある「円谷幸吉メモリアルホール」には「父上様母上様　三日とろゝ美味しうございました」で始まる遺書や銅メダル、シューズなどの遺品が陳列されている。一時は、円谷が遠征帰りの香港で買ったダイヤの指輪も婚約者の左手を飾ることなく、ここに並んでいたのだという。

１９８３年から、毎年10月には、市内で「円谷幸吉メモリアルマラソン」が開催されてきた。そして君原は毎年招待され、たった１度の欠場と、新型コロナウイルス禍で大会が中止となった2020年を除いて、ずっと走り続けてきた。当初はハーフマラソンに参加していた。距離は次第に10キロ、5キロと短くなっていったが、それでも参加は欠かさなかった。

須賀川には必ず、レース前日に入る。決まった店で決まったメニューの食事を頼み、缶ビールを1本買って、十念寺に向かう。半分を円谷の墓石にかけ、半分を自分で飲む。そして1年間の報告をする。脳裏に浮かぶのは、札幌のトラックで2人とも1万メートルの日本記録を更新し、公園の縁台でビールを飲み交わした楽しかった記憶である。

君原は、こう話す。

「本当に和やかで、楽しかったひと時でした。いつもあの時のことを思い出しながら、お墓の前で円谷さんとビールを分け合うのです。そしていつも、後悔します。円谷さんとは、もっと杯を傾ける機会があればよかったのに、と」

君原は、円谷に関する質問を、一切厭わない。

「私が話すことで円谷さんという素晴らしい選手、素晴らしい人間のことを思い出していただけるなら、それはありがたいことですから」

そのために、毎年のメモリアルマラソンも走ってきた。

取材で須賀川市を訪れた際、メモリアルホールから円谷の墓がある十念寺まで、タクシーに乗った。「須賀川へは何の用事ですか」と運転手に話しかけられた。答えた。

運転手は地元出身の男性で、東京五輪の開催時は小学2年生だった。

五輪後は当然のように、円谷ブームに沸き、皆、走ることに夢中になった。小学校にも陸上クラブができ、運転手の男性も長距離ランナーとして多くの大会に参加した。「結構、速かったんですよ」と、中学でも陸上部に入ったが、足を痛めて退部し、理科クラブに移った。

「その後は、星ばかり眺めて暮らしていましたね」

自嘲気味に笑う運転手の話を聞きながら、少年ランナーと五輪メダリストを安易に比較することはできまいが、引退後には星ばかりを眺めて暮らす、そんな生き方もあり得たのになと、少し感傷的になった。

その夜は生憎の曇天で、星は一つも見ることができなかった。

２度目の東京五輪へ

君原は２０１９年時点での取材に、翌年に迫っていた東京五輪への期待を、福岡県北九州市の自宅で、こう話していた。

「前の東京五輪は、日本の戦後史の中で一番大きなイベントでした。国民の皆さんが喜び、感動し、夢や希望を持ちました。あれから日本は、一気にいい方向に向かったのだと思います。

前の東京五輪は、日本を変えたのです。

願わくば、来年の東京五輪には、世界を変えてほしいと願っています。日本の英知を集め、世界の皆さんに喜んでいただける大会になってほしい。

前回の東京五輪では障害者スポーツが始まったばかりでしたが、今は健常者と対等の大会として種目も増え、すべての人が楽しめる大会になっています。そして開催国である以上、日本選手の活躍にも期待しています。前の東京五輪で日本選手団は16の金メダルを獲得しました。メダルだけにこだわることはないと思うのですが、やはり国民の期待に応えられる成績を残してほしい。個人的には、前回は円谷さんの銅メダル一つに終わった陸上競技に奮起してもらいたい。当時は考えられなかった400メートルリレーなども有望な種目に育っています。

男子マラソンは厳しい状況にありますが、可能性はあります。レースなので、蓋を開けてみなければ何が起こるか分かりません。なんとか円谷さんに続いて東京でメダルを獲得する選手が出てきてくれることを期待したいと思っております」

取材当時はまだ、新型コロナウイルスの世界的感染拡大による五輪の1年順延など、誰も想像できなかった。

ヒートリーの娘

萩原正人は東京五輪の翌年、カメラマンとして産経新聞へ入社することが決まっていた。内定者は全員、実習の名目で五輪の現場に配置された。萩原の持ち場は取材前線本部がある神宮第二球場だった。仕事は主に、荷物番である。

隣の国立競技場では、開会式の式典が進んでいた。体操ニッポンのエース、小野喬が高らかに選手宣誓を謳い上げると、１万羽のハトが一斉に放たれた。

観衆がハトにつられて上空を見上げると、入れ違いに航空自衛隊インパルスのF－86Fジェット機が飛来して、大空に五色の輪を大きく描いた。萩原は、快晴の大空に描かれた鮮やかな五色の輪を、今も瞼に焼き付けている。

20年後、夕刊フジのカメラマンとなっていた萩原は、国際カーレースの取材で英国に飛んだ。ロンドンの北西約150キロ、ウースターからバーミンガムへ向かうローカル線の車中で、その日の取材を記したメモ帳に目を通していた。

隣の席から「アーユー、ジャパニーズ？」と声が飛んできた。

セーターがよく似合う、若い金髪の女性がにっこりと微笑んでいる。日本に、とても関心があるのだという。

職業は看護師で、名はルス・ヒートリーといった。

そして彼女の父親はマラソンランナーで、東京五輪に出場したのだと話した。エチオピアのアベベに続いて国立競技場に帰ってきた円谷幸吉を、最後のトラックで猛然と抜き去った銀メダリスト、あのベイジル・ヒートリーの娘なのだった。

ルスはこう話した。

「父は、日本が大好きなのです。日本から来た人を喜んで家に泊めたり、日本の話を私にもよくしてくれます。東京オリンピックのこと？　もちろん何度も聞きましたよ。父にとって、一生の思い出なのでしょう」

円谷は東京五輪の4年後、メキシコ五輪が開催される年に「幸吉は、もうすっかり疲れ切ってしまって走れません」の遺書を残し、自死した。アベベもメキシコ五輪の翌年、自動車事故で下半身不随となり、1973年に脳出血のため41歳の若さで亡くなっていた。

その話になると、ルスは少し辛そうに、こう話した。

「ええ、その話も聞いています。特にツブラヤは、自分の最大のライバルだったし、とても悲しい思いだったと父は話していました」

ルスは4人姉妹の真ん中、双子の1人として東京五輪の年に生まれたのだという。

「チャンスがあったら、私も日本に行ってみたい。では私、次の駅で降りますので」といい残し、彼女は小さな駅のプラットホームに姿を消した。

以上の逸話は、1985年3月6日の夕刊フジに、ルスの可憐な写真を添えて萩原が書いている。原稿のために帰国後、ヒートリー自身に国際電話で確かめると、あの日、ルスは列車で会った日本人記者のことを、嬉しそうに父に報告したのだという。

「ああ、娘が列車の中で日本人の記者に会ったことは聞きましたよ。あの日、ルスがとても興奮した口調で私に話してくれました。私も東京オリンピックのご縁で、その後も3回、日本に行っていますが、とても懐かしかったです。昨年はロサンゼルス・オリンピックの開会式に歴代メダリストの1人として招待され、そこで君原さんとも再会できましてね」

ヒートリーは東京五輪当時、世界記録を保持して大会に臨み、アベベと並ぶ優勝候補に挙げられていた。銀メダルは実力通りだったのかもしれない。だがそれ以上に、国立競技場で円谷をかわしたラストスパートと、円谷のその後の悲痛な最期によって、日本人には忘れられない名となった。

円谷とヒートリー、2人のデッドヒートを、翌日の産経新聞には、『いだてん』の金栗四三がこう書いていた。

《さいごの二〇〇メートルで、円谷、死力をつくしてスパートしたのだろうが、足がのびない。

ヒートリーはこのチャンスを待っていたようだ。追い抜くにはゴール前ほどいいからだ。円谷のために残念でならない》

金栗は、円谷が亡くなった年の11月、福島県須賀川市の円谷の墓を訪れた。

「幸吉君、しばらく」

菊の花を供えて目をしばたたきながら、こう話したのだという。

「亡くなった今でも円谷君のことは忘れられない。彼が4年前の東京オリンピックで見せたど根性は沈滞していた陸上陣を奮い立たせてくれた。その功績は大きい」

そしてヒートリーも2014年、円谷の墓に参った。十念寺にヒートリーを案内したのは円谷の兄、遺書に「ブドウ液　養命酒美味しうございました。又いつも洗濯ありがとうございました」と書かれた「喜久造兄」である。

ヒートリーは墓に花と線香を供え、円谷が好きだったまんじゅうを食べて、喜久造にこう話しかけたのだという。

「なぜ表彰台で、円谷さんに話しかけなかったのでしょう。もっとゆっくりと話す時間があれば、何かが変わったかもしれない。お兄さん、肉親を失う辛さは私も知っています。あなたも、どれだけ苦しい思いをされたことでしょう」

喜久造によれば、夫人を同伴したヒートリーは大きな体を屈め、本当に悲しそうだったという。

喜久造はあの日のレースを、国立競技場の第2コーナー近くのスタンドで観戦していた。

「ヒートリーさんはベストより2分以上遅く、幸吉は自分のベストより2分速かった。幸吉はよくやったんです。抜かれても3位でしたから、上出来です。疲れているのは分かりました。とにかくゴールだけはしてくれ。4位の選手はまだ来ない。ゴールさえすれば、日の丸を揚げることができる。そのことばかり念じていました」

ヒートリーは2019年8月3日、英国で亡くなった。85歳だった。

アベベ、ヒートリー、円谷と、東京五輪マラソンの表彰台に立った3人がすべてこの世を去ったことになる。ヒートリーは、2020年に開催予定だった2度目の東京五輪を、ひ孫とともに観戦することをとても楽しみにしていたのだという。

『一人の道』

茶木みやこは京都の中学2年生だった。

学校の教室にテレビが入り、開会式などに記憶はあるが、彼女にとっての1964年は、ビートルズに出会ったことのほうが大きい。

友人に教えられ、『シー・ラブズ・ユー』を毎日聴いた。2年後の来日時には苦労して東京の武道館で開催されるコンサートのチケットを手に入れたが、学校の校則による厳しい通達で東京行きを断念した。まだそんな時代だった。

やがて京都は、フォークソングのブームに染まった。

茶木もギターを弾き、歌う楽しさを知った。高校3年の時、同学年のフォーク仲間から「曲をつけてくれないか」と手書きの詩を渡された。

《ある日走ったそのあとで
ぼくは静かに考えた
誰のために走るのか
若い力をすりへらし》

それが、円谷の遺書を題材とする『一人の道』だった。

曲なんか作ったことはなかった。なぜ私だったんだろう、の思いは今もある。覚えたての知っているコードを並べて、なんとか作った。

同志社女子大に進み、中学からの同級生、小林京子とフォークデュオ「ピンクピクルス」を結成した。コンビ名の意味は、「柴漬け」である。

最初から長く活動を続ける気はなく、1年間の活動の記念にアルバムを作ることになった。だが曲が足りず、ディレクターから「何かオリジナルはないの」と聞かれて思い出し、『一人の道』

を入れた。

シングルカットのＢ面に入れる際にディレクターが、東京五輪マラソンの実況を、曲の頭に挿入した。

「日本の円谷、あと２５０メートル。ヒートリーが差を詰めました。２位か３位か。銀メダルか銅メダルか。日本の名誉をかけて。円谷危ない。ヒートリーが追った。ヒートリーが抜きます…」。結末を知って聴くＮＨＫの中継アナウンスは、あまりに悲痛で、茶木の歌声も悲しく聴こえた。

ラジオの深夜放送で曲の人気に火がついた頃には、もう歌っていなかった。ピンクピクルスも解散していた。円谷の両親に、改めて悲しい思いをさせるかもしれないと考えたのも歌わない理由だった。

歌の世界から完全に離れていた頃、ロサンゼルス五輪の体操個人総合金メダリスト、具志堅幸司がテレビ番組で自らへの人生の応援歌に『一人の道』を挙げ、「すり切れるまで聴いて、今持っているのは２枚目です」と話すのを聞いた。

そんなこともあるんやな、の思いが茶木を、再び歌の世界にいざなった。

２０００年、50歳となったのを機に、また歌い出した。ギター１本で全国を回り、行く先々で『一人の道』のファンがいることを知った。

この歌を、また歌ってもいいのか。

茶木の背中を押したのは、円谷の兄、喜久造である。ヒートリーを円谷の墓に案内した「喜久造兄」は、茶木にも「あなたが歌ってくれることで皆が幸吉のことを覚えていてくれる」と話してくれた。

もう1人、君原も「あの歌、好きです」といってくれた。

君原は、「マラソン選手には、なぜか音痴な人が多いのですが、合宿中などに我々は皆、あの歌を口ずさんでいましたよ。本当にあの歌が、円谷さんの気持ちを表した歌だと思えるのです」と話している。

こうして様々な縁に恵まれて『一人の道』は今も歌われ続け、円谷の記憶を紡いでいる。

2015年に須賀川市内のライブハウス「ぷかぷか」で茶木が歌った際には、客席に喜久造の姿もあった。ここで歌う時だけ、曲の冒頭で茶木のギターに乗せてライブハウスのママ、青津喜恵子が円谷の遺書の全文を静かに朗読する。

喜久造は、幸吉が亡くなった時に遺品の整理で目にした時以来、あまりに辛く悲しく、当時の状況に対する怒りもあり、遺書を読み返すことは全くなかったのだという。その全文を耳で聞くことになり、ぼろぼろと流れる涙が止まらなくなった。

市内の「円谷幸吉メモリアルホール」は、茶木が歌う『一人の道』の録音で来館者を迎える。

２０１９年に茶木は初めて、あの歌をここで歌った。

遺書や当時のシューズ、ユニホームなど円谷の思いの詰まった遺品に囲まれ、国立競技場の表彰式で銅メダルを胸に、スタンドに手を振る円谷の雄姿の前で、茶木は『一人の道』を歌った。テレビの横溝正史シリーズの主題歌『まぼろしの人』『あざみの如く棘あれば』などのヒット曲に続き、ここでもギターの前奏に乗せて青津喜恵子が遺書を朗読した。

「父上様母上様　三日とろゝ美味しうございました」

客席から聞こえるすすり泣きが、朗読に重なった。

前日に須賀川入りした茶木は、市内の十念寺に眠る円谷の墓に参った。君原の習慣にならって缶ビールを１本買い、半分を墓にかけ、半分を飲んだ。

墓参りを終えた茶木は、円谷の兄、喜久造の家を訪ねた。

高齢の喜久造はコンサートへの参加を断念したが、家では弟の思い出話に熱中し、予定の時間をだいぶオーバーした

庭には、サルビアが咲いていた。

１９６４年の東京五輪当時、須賀川高校の円谷の後輩たちは、先輩を励まし、聖火リレーを祝うため、トーチの形に似たサルビアの花を育て、聖火が走る沿道を飾った。

喜久造はこの種を分けてもらい、半世紀以上に渡って自宅の庭で育て続けてきた。市内の小

学生らは、令和の五輪の聖火リレーでもう1度、沿道をあのサルビアの花で飾ろうと、喜久造が育てた種を譲り受け、苗を育てていた。

新型コロナウイルスの感染拡大により2度目の東京五輪は1年延期となったが、2021年3月27日、赤いサルビアの花に縁取られた須賀川市のコースを、聖火ランナーとして君原が走った。君原は地元の北九州市ではなく、自ら応募して須賀川市のコースを走ることを選んだ。そこが、円谷の眠る町だからだ。

君原は、円谷を愛する市民に笑顔で手を振り、一歩一歩、須賀川の地を確かめるように歩を進めた。シューズは東京五輪のマラソンで履いたものを復元した。ユニホームの下には、東京五輪を走る円谷の勇姿を忍ばせた。事前に写真に紐を通し、首からぶら下げたものだ。リレーの朝には、いつも通り墓に参ってビールをかけ、「一緒に聖火を運ぶこの日を、ずっと待っていました」と話しかけた。ゴールを出迎え、「ありがとう」と声をかけたのは円谷の兄、喜久造だった。君原は胸にしまっていた円谷の写真を取り出し、掲げて見せた。

2度目の東京五輪に向けて友が走り続け、詩が歌い継がれ、沿道の赤い花が、「かわいそうな英雄」を語り継いできた。

喜久造は君原に、こう話した。

「もう80歳。これからは、自分の時間を楽しんでほしい」

第2章

神永昭夫と猪熊功

TOKYO 1964

日本柔道敗れる

1964年10月18日の産経新聞朝刊1面には大きく、前夜の棒高跳びの写真が掲載されている。長い写真説明には、こうあった。

《夜霧につつまれた国立競技場の空に、聖火があかあかと燃えていた。見ている方も祈りたい気持ちだった。非情に浮くバー。その高さは、際限なくあげられていくようにみえた。午後一時にはじまった棒高とび決勝は、よる十時をすぎてもまだ続く。選手たちの疲労が深まれば深まるほど、観衆の興奮はたかまっていった。人びとは九時間の死闘に心を奪われて、まばたきすることも忘れていた。5メートル10、最後のチャンス。ハンセン（米国）は、ゆっくりと、そのバーの上を舞った》

東京五輪の名シーン。陸上・棒高跳びでフレッド・ハンセンがウォルフガング・ラインハルト（西独）との9時間7分に及ぶ死闘を制した瞬間である。

宗岡正二は国立競技場で棒高跳びを観戦していた。当時は都立小山台高校の3年生で、東京大学を目指す受験生でもあった。勉強のためにスタンドに家族を残し、1人で帰宅したが、晩飯を食べ終えても棒高跳びの死闘はまだ続いていた。

長い戦いに強烈な印象はあるが、それよりも、子供の頃から打ち込んできた柔道の無差別級で、エースの神永昭夫がオランダのアントン・ヘーシンクに敗れた衝撃の記憶がずっと大きい。

宗岡の父は旧制山口高校、東京大学で柔道部主将を務めた熱血漢で、宗岡ら4兄弟も「柔道部に入部しなければ学費は出さない」といい渡されてきた。宗岡もまた、父の期待に応えて柔道に熱中し、高校3年の夏には国体で東京都代表の最終候補者にも選ばれた。惜しくも出場は叶わず、ここから受験のための猛勉強を始めた。東京五輪は、そんな頃に開催された。

嘉納治五郎を創始者とする柔道は、バレーボールとともに、東京五輪で初めて正式種目に採用された。講道館のお膝元である東京で、敗戦は許されない。柔道界は、そんな決死の覚悟で大会に臨み、軽量級（68キロ以下）の中谷雄英、中量級（80キロ以下）の岡野功、重量級（80キロ以上）の猪熊功は順調に金メダルを獲得した。

それでも、柔道最終日の無差別級に敗れれば、日本柔道の面目は失われる。

作家の柴田錬三郎は産経新聞に、こう記した。

《柔道は、日本のお家芸である。いわば、ヘーシンクは、道場破りである。講道館の看板を奪われては、たまらぬ。飯島（秀雄、陸上100メートル準決勝敗退）がヘイズ（米国、100メートル金メダリスト）にかなわず、円谷がアベベよりはるかにおくれるのとは、わけが違う》

それが当時の、日本全体を覆う空気であったのだろう。

新設された日本武道館で五輪無差別級決勝戦の青畳に上がったのは、大方の予想通り、179センチ、100キロの神永と、198センチ、120キロの巨漢、ヘーシンクだった。貴賓席では当時の皇太子殿下ご夫妻とオランダのベアトリックス王女が並んで観戦された。

ヘーシンクは1934年4月6日、オランダのほぼ中央に位置するユトレヒト市に生まれた。家は貧しく、12歳の頃から働きながら、14歳で柔道を始めた。建築現場で働いていた20歳の時に、その巨体が欧州を巡回指導していた柔道家、道上伯の目に留まり、オランダのナショナルチームに加えられた。道上は1953年、フランス柔道連盟の招請で渡仏し、ボルドーに定住して欧州各地で柔道の普及に当たっていた。

ヘーシンクは1956年に東京で開催された第1回の世界選手権に出場したが、準決勝で敗退。2年後の第2回大会も準々決勝で敗れていたが、1961年の第3回パリ大会では4回戦で神永を下し、決勝では曽根康治もけさ固めで破って初優勝を果たしていた。その後も度々来日し、東京五輪日本柔道チームの監督で、あの木村政彦のライバルとしても知られた松本安市に天理大学で指導を受け、柔道家として長足の進歩を遂げていた。

神永とヘーシンクが相対すると、体格の差は歴然としていた。3年前、パリで行われた世界選手権でも神永はヘーシンクに敗れていたが、この敗戦は巨体を折るように腰を引き、防御に徹したヘーシンクを神永が攻めあぐねたもので、東京五輪本番では神永の必殺の体落として十分に勝機はあるとみられていた。神永は明大の後輩、後にプロレスラーとなる坂口征二を仮想ヘーシンクに見立てて稽古を積み、対策は万全のはずだった。
淡い期待は大きく裏切られることになる。
ヘーシンクは巨体を利してぐいぐいと前に出る攻撃的な柔道家に変貌していた。予選でも神永はヘーシンクに判定で敗れ、敗者復活戦を勝ち上がった決勝戦には、悲壮な覚悟で臨むことになる。しかも当時は誰にも明かさなかったが、左膝に重大な故障を抱えていた。
国技館の会場に「始め」の声が響く。巨体の両腕を高々と上げて構えるヘーシンクは小山のようで、やや前傾姿勢で両手を開いて前に突き出した神永が小さく見えた。
翌朝の産経新聞に、詩人サトウハチローはこう記した。
《腕が長い
背が高い
力が強い
目方が重い
すべて段ちがいなのです》
組んだ瞬間、「勝てないかもしれないな」。そう思ったと神永は後に述懐している。
警戒していたはずの支えつり込み足で崩され、押さえ込まれたが、なんとか逃げた。８分過ぎ、大外刈りから体落としで勝負をかけたが、ヘーシンクは動かず、そのまま抱え込まれて両者は畳に崩れ落ち、ヘーシンクが上になった。けさ固めががっちりと決まり、今度は逃げられない。神永の必死の抵抗も虚しく、9分22秒、主審が「一本」を宣告した。

その時である。喜ぶオランダ陣営が土足で畳に駆け上がろうとするのを、ヘーシンクは神永の上になったまま右手を開いて突き出し、止めた。

柔道家としての見事な所作だった。

その勝敗とともに、日本の柔道が世界のJUDOになった瞬間でもあった。

サトウハチローは詩の最後を、こう締めた。

《神永くんはよくやりました
涙なんか流さないで下さい
よき先輩として
ヘーシンクを倒す後輩を育てて下さい

勝者には讃辞と祝福……
敗者にはいたわりとなぐさめを……
わたしからみなさんに心からおねがいいたします》

高々と両手を掲げたヘーシンクに対峙する神永（右）。敗戦の翌朝、定刻に会社の自席で仕事を始めていたというその人柄は、後の柔道界の支えにもなった

後に神永を追悼して発刊された『神永昭夫の軌跡　ガンバレ柔道ニッポン』（全日本実業柔道連盟刊）に、富士製鐵（現・日本製鉄）人事部の先輩、佐々木喜朗がその夜のエピソードを記している。佐々木らは神永敗戦の夜、口惜しさのもって行き場もなく数人で飲みに行き、酔った揚げ句に神永を慰めようと、彼の自宅に押し掛けたのだという。神永は嫌な顔一つ見せずに一行を家に上げて相手をした。

一升瓶を回し飲みながら話題が試合のことに及ぶと、皆がいろいろなことをいうのを静かに聞き、最後に淡々と、「ヘーシンクは強かったです」と話したのだという。

五輪直後から早過ぎる逝去までに何度も繰り返された様々なインタビューでも、神永の答えは変わらなかった。精一杯、力を尽くした。しかし、ヘーシンクが強かった。それだけを語り、一切の言い訳はしなかった。

宗岡は、神永の完敗にショックを受けるとともに、ヘーシンクの礼節と、彼を抱いて祝福し、笑顔で握手を交わす神永の姿に、大きな感銘を受けた。

宗岡が尊敬する元慶應義塾大学塾長、小泉信三は「フェア・プレエ」の精神とは「全力を尽くして戦い、しかし常に相手を尊重すること」であり、選手には「果敢なる闘士であれ、潔い敗者であれ」と求めていた。

宗岡は、ヘーシンクに「常に相手を尊重する」姿を、そして神永に「潔い敗者」の姿を見たのだった。

１年の浪人生活を経て宗岡は東大に進み、ここでも柔道部で主将を務める。安田講堂の攻防など学生運動の嵐が吹き荒れる時代だったが、柔道部は稽古を欠かさなかった。卒業後は富士製鐵と八幡製鉄が合併した新日本製鐵に就職し、ここで神永の後輩となり、彼の伝説と実像に触れた。

ヘーシンクとの決戦の翌朝、神永は定時の午前９時にはすでに自席につき、仕事を始めていたのだという。会社の宴会では、乱れたスリッパを一つ一つ丁寧に直す大男の姿があった。それが、神永の実像だった。


筆者は東京五輪当時、東京都下の小金井市に住む小学１年生だった。

無差別級の決勝戦は父に連れられ、武道館で見た。郵便局員だった父は当時、五輪移動郵便局に勤務しており、その関係で会場に潜り込めたらしい。すでに父は亡く、確かめようはない。入場券なしでの観戦など現在では考えられないことだが、そのあたりはまだまだ緩い時代だったのだろう。当然、武道館に席はなく、最上段の通路での立ち見だった。

館内は満員で、周囲は大人ばかり。ひと際小さかった少年には選手はおろか、畳さえ見えなかった。近くにいた見知らぬ外国の大男が肩車で持ち上げてくれ、ようやく眼下の景色が開けた。もっとも、記憶に残るヘーシンクがオランダ陣営を片手で制したシーンは平面のもので、おそらく後にニュース映像で見たものなどが脳内で混同しているのだろう。6歳の記憶なんて、そんなものだ。

ただ、国電中央線での帰路、父が本当に悔しそうだったことと、「猪熊だったらどうだったろう」と話したことを覚えている。

ライバル

神永は1936年12月22日、仙台市で生まれた。スポーツ万能の少年だったが、当時はGHQが柔剣道の禁止令を出していたこともあり、小説や映画の姿三四郎に憧れて柔道を始めたのは東北高校1年の時だったというから、柔道家としてはかなり遅いデビューだった。

だが、頭角を現すのは早かった。高校3年の10月には初めて上京した講道館で秋の紅白戦に出場して19人抜きの空前の快挙で関係者を驚かせ、初段から一足飛びに三段に昇段した。明治大学に進学し、2年生となった1957年には、福岡で行われた全日本選抜新人大会で優勝した。大学在学中は、孤児や身障者の施設で食事や入浴の世話や宿直のアルバイトを住み込みで続けた。卒業後は富士製鐵に就職し、全日本柔道選手権を3度制した。

終生の好敵手となる猪熊は１９３８年2月4日、神奈川県横須賀市に生まれた。神永より１学年下となる。

勝負師、暴れん坊といった印象が強い猪熊だが、意外や本人によれば、幼い頃は小柄で体が弱く、病弱な子供だったのだという。猪熊も姿三四郎に憧れて、中学生の時に柔道を始めた。地元の横須賀高校に進み、米兵からボディービルを学んで体を鍛え、得意の背負い投げに磨きをかけていった。ボディービルは柔道を引退してからも続けた。筋骨隆々の体はバーベルやベンチプレスで鍛え上げたものだった。

東北高校時代に講道館での19人抜きで全国の柔道界でも有名な存在だった神永に対し、無名の猪熊を一躍全国区の強豪に押し上げたのは、東京教育大学（現筑波大）に進んだ4年生時、21歳で出場した１９５９年の全日本柔道だった。

無差別の全日本に出場した猪熊の体重は当時86キロ。当初の目標は「出場」だったが、１回戦で優勝候補の一角と目された１９３センチの巨漢、小田雄三を破ると、攻撃一点張りの柔道で決勝に勝ち進んだ。対するは、明治大学を経て富士製鐵に入り、すでに日本重量級のエースとなっていた神永である。

危なげなく勝ち進んだ神永は、決勝でも猪熊を相手に大内刈り、左右の内股、横捨て身などで体を揺るがし、終始優勢に試合を進めた。15分過ぎには右からの大内刈りで猪熊が大きく体勢を崩し、明らかな神永のポイントとなった。

20分の試合時間は間もなく終わろうとしていた。終了直前、猪熊が自身の額を畳にぶつけるように低く捨て身の背負いをかけると、神永の体がくるりと回って畳に落ちた。まさかの大逆転に主審の三船久蔵十段は判定も忘れて立ち尽くした。副審にうながされて「技あり」を告げると、そこで試合は終了だった。

順風満帆の時ほど落とし穴にはまる。一瞬の気の緩みも許されない。神永には大きな教訓となり、猪熊には確かな自信となった。

1960年、61年の全日本はいずれも同じ顔合わせの決勝となり、神永が連続して制した。1勝1敗で迎えた61年の決勝は、神永が体落としの技ありからけさ固めで合わせ技一本を奪う完勝だった。3年連続同じ顔合わせの決勝カードに、「神猪時代」とも呼ばれた。

この両雄を、東京五輪でどう使うか。激論があった。

無差別級への出場が確実視されたヘーシンクに、どちらをぶつけるか。議論はその一点に絞られた。1964年の全日本柔道は神永が優勝していた。2人の直接対決は1959、60、61年の全日本決勝による神永の2勝1敗。学生時代を含めても神永の3勝1敗1分けだった。神永は1度、世界選手権でヘーシンクに敗れており、猪熊にはヘーシンクとの対戦経験がなかった。

無差別級代表を巡る当時の柔道界の空気を、後に猪熊に聞いたことがある。猪熊はこう話した。

「神永さんは柔道界のエリートで、柔道もオーソドックス。私のは無手勝流のケンカ柔道。猪熊は勝つか負けるか分からないが、神永がそう簡単に負けることはあるまい。また神永さんはパリの世界選手権でヘーシンクに敗れており、雪辱の機会を与えたい。そういう思いもあったのではないでしょうか」

結果として猪熊は東京五輪の重量級で金メダリストとなり、神永は無差別級でヘーシンクに敗れた。外国の強豪はほとんどヘーシンクを避けて重量級に集結したとされる。猪熊はその世界の巨漢の猛者たちを、参加14選手中、最も軽い86キロの体で投げ続けたのだから、こちらも強かった。

それでも世間は、東京五輪の柔道を、神永がヘーシンクに敗れた大会としか記憶に留めていない。

猪熊は、どうしてもヘーシンクと戦いたかった。勝ちたかった。どうすればヘーシンクに勝てるか。そればかりを考えていた。秘策もあった。

東京五輪の翌年、リオデジャネイロで世界選手権が開催された。神永は故障を抱えており、大会を欠場した。無差別級には猪熊が出場した。ヘーシンクは重量級、無差別級の双方にエントリーしていた。猪熊にとっては「勝っても負けても、これで引退」と心に決めて臨んだ大会である。

ヘーシンクは、神永も猪熊もいない重量級で、この年の全日本柔道を制していた坂口征二を破って優勝した。すると彼はなんと、大会中に記者会見を開いて現役引退を発表し、無差別級を棄権してしまったのだ。

猪熊はヘーシンクのいない無差別級で、この日に備えた秘策も虚しく、当然のように優勝した。五輪に続く世界王者である。

これも後に聞いた、猪熊の述懐だ。

「人の運というのは分からないものです。私が五輪でも世界選手権でも金メダルを取り、あの神永さんに一つもないとは。だが、ヘーシンクに敗れた神永さんが不運だったのか。ついにヘーシンクと戦えなかった私が不運だったのか。それは分かりません」

倒すべき相手を失い、神永も猪熊も、やがて現役を引退した。

交錯続く好敵手

引退後の両雄は、さらに交錯を続ける。

神永は富士製鐵での仕事に打ち込む一方で1968年、母校明治大学柔道部の監督に就任した。大学の4年間で無名の存在から学生王者に育て上げたのが、上村春樹である。

上村は１９７６年のモントリオール五輪無差別級で金メダルを獲得した。東京五輪で神永がヘーシンクに敗れ、メキシコ五輪では柔道が採用競技から除外された。神永が日本代表監督として参加したミュンヘン五輪では教え子の篠巻政利が予選で敗退していた。日本柔道界悲願の五輪無差別級金メダルは、神永の弟子によってようやく実現したのである。

《よき先輩として
ヘーシンクを倒す後輩を育ててください》

すでにヘーシンクは現役を退いていたが、詩人、サトウハチローが産経新聞に書いた詩の一節で神永に望んだ後輩の育成は、長い苦節の時期を経て、ここに実を結んだことになる。

猪熊は現役引退後の１９６６年、勤務先の警視庁を退職して東海大学グループの東海建設に入り、１９７３年には東海大学の教授に就任した。同時に、大学の創立者でかつては社会党の代議士でもあった松前重義の懐刀として、柔道界の水面下で暗躍した。

松前が１９７９年、国際柔道連盟（ＩＪＦ）の会長選に立候補すると、猪熊は根回しや多数派工作に奔走し、12月、松前を会長の座に据えた。同じ12月、柔道の創始者、嘉納治五郎の次男である嘉納履正が講道館長と全柔連会長を辞し、履正の長男、嘉納行光が後を継いだ。

猪熊は松前の会長秘書、あるいは会長代行として実質的に国際柔連や全日本学生柔道連盟を切り盛りし、家元の講道館や全柔連と激しく対立するようになる。

1981年には国際柔連が独自の段位認定制度を始め、講道館が発行する段位以外を認めない全柔連と激しく対立した。1983年には東海大を中心とする全学柔連が「柔道界改革」を謳って全柔連を脱退した。大学柔道界は全学柔連と大学柔道連盟の二つに割れた。

内紛は裁判闘争に持ち込まれ、国会の予算委員会でも取り上げられるなど、泥沼化の様相を呈した。特に段位の承認料は講道館の有力な財源であり、国際柔連の独自認定には反発が強かった。講道館はエースの神永を切り札に頼むが、全柔連が財団法人化して初代の専務理事に就任した神永は一段高いところから両者の関係修復に尽力した。1987年に松前が国際柔連会長を退くと、猪熊も次第に中央の柔道界とは距離を置くようになった。

一方で、猪熊の柔道界における最大の功績は、山下泰裕の「発掘」だったろう。

熊本県矢部町出身の山下は小学3年で柔道を始め、6年生の時には熊本の県大会で優勝した。熊本市立藤園中学では全国中学校柔道大会の団体戦優勝の中心選手となり、高校は地元の九州学院に進んだ。高校1年でインターハイの重量級で優勝し、「九州の怪童」として地元関係者の注目の的となっていた。

地方の鳳雛《ほうすう》を中央に引きずり出したのが、東海大柔道グループを率いる猪熊だった。

「本当に柔道が強くなりたいなら中央でやらせたほうがいい」とまず祖父を口説き落とし、山下が高校2年の2学期から系列の東海大相模高校に転校させた。その1974年に全日本柔道を制した監督の佐藤宣践との二人三脚で、山下はぐんぐん実力を上げていった。

高校３年、17歳で初出場した４月の全日本柔道選手権で山下は準決勝まで勝ち進み、上村春樹に判定で敗れた。翌年１月のフランス国際を高校生で制し、４月には東海大学に進学。大学２年の全日本では決勝戦で前年モントリオール五輪重量級の銅メダリスト、遠藤純男を判定で破り、初優勝を飾った。19歳は全日本優勝の史上最年少記録だった。全日本学生選手権では決勝で中央大学の吉岡剛に判定負けを喫したが、これが山下の現役最後の敗戦となった。引退までの連勝記録は実に２０３を数えた。

五輪では、モスクワ大会こそ日本の不参加で涙を呑んだが、ロサンゼルス五輪の無差別級では痛めた右足を引きずりながら金メダルを獲得。国民栄誉賞も授与された。世界選手権も４度制した。

そして現役最後の大会となったのは、東海大講師として臨んだ１９８５年４月29日の全日本柔道だった。筆者も日本武道館で取材した。

決勝の相手は、ロス五輪の重量級で金メダルを獲得した国士舘大学助手の斉藤仁だった。３年連続で同じ顔合わせの決勝となり、真に雌雄を決すると誰もが大会前から期待した、胸躍らせる対戦だった。

試合は一進一退の前半戦を経て４分30秒、大きく動いた。山下が強引に支えつり込み足にいったが不十分で足がほどけ、斉藤が体を預けると山下は背中から畳に落ちた。主審を振り返る斉藤。主審の手は動かない。それでもポイントを上げたと信じた斉藤はこの後、受けに回る。鬼神の形相で攻め立てる山下の攻撃を受けながら、6分30秒には「指導」を取られた。試合時間10分終了を告げるブザーが鳴ると、斉藤は拳を突き上げた。山下は畳を見つめたままだった。

旗判定は山下の勝ちを告げる白旗2本。終盤の山下の攻勢、斉藤の消極的守勢がわずかの差となった。山下全日本9連覇の瞬間である。斉藤はがっくりと膝に手をつき、山下が歩み寄って手を差し出した。2人とも表情は沈んでいた。

判定に抗議の声を荒らげる国士舘勢を横目に、筆者は主審のもとに走った。あれは斉藤のポイントではなかったのか。

主審は、神永だった。

神永は「山下君が自分で倒れたと判断した。返し技かどうか、確かに微妙だったので、2人の副審にも確かめたが、同じ意見だった。しかし、2人の間に実力の差はない。全くない」と話した。

猪熊は興奮していた。

「あの終盤の山下の燃える表情を見ましたか。山下はまだまだいけます。9月ソウルの世界選手権も、来年の全日本も。引退なんてとんでもない」

斉藤は怒っていた。

「ガッツポーズは僕が勝ったと思ったからです。あれは山下さんが自分で崩れたのではない。僕が返して潰したんです。最低でも有効ポイントはあったはずです」

山下は、もっと怒っていた。

「試合最初の組み手で斉藤君は腕を突っ張り、にやりと笑って見せた。あれでがっくりきてしまったんです。どうだ、投げられないでしょう。そういう気持ちが見えた。僕と斉藤君との間に力に差はない。お互いが攻め合わなければ、どちらも投げられないんですよ。僕が攻めなければ、組んだまま10分が過ぎていた。斉藤君は技をかけてはきたが、僕を投げようとはしなかった。彼は駆け引きで勝ちにきた。あれでは僕の考えていた試合にはならない。勝敗よりも、僕はもっと激しく戦いたかった。旗なんか見る気もしなかった。不完全燃焼です。それが悔しい」

猪熊の期待も虚しく、山下は6月、正式に現役引退を表明した。

五輪で金メダルを獲得しながら、ついに山下に勝つ機会を失った斉藤は、「エベレストには登ったが、富士山に登ることはできなかった」の名言を残した。

後に山下と斉藤は、日本柔道の強化でコンビを組んだ。

斉藤を初めて取材したのは彼が国士舘大学3年の時だった。テレビでバラエティー番組のご対面のシーンに涙し、スポーツ中継を見ては泣く。取材時には、映画『エレファントマン』を見て号泣したばかりだ、と話していた。泣いた話ばかりを聞いたように思う。

斉藤が2015年1月、54歳の若さで亡くなると、山下はあの全日本の決勝戦を振り返り、「組んだ瞬間、仁が俺を超えたな、と思った」と語った。追悼の言葉だったのだろう。だが、そうだったか、と思い、当時自分が書いた記事を引っ張り出してみた。

20代だった2人の柔道家は、あの日、それぞれに若く、ギラギラしていた。


どこまでも因縁が交錯する神永と猪熊だが、決して不仲だったわけではない。時には酒を飲み交わし、ゴルフで腕を競うこともあった。

猪熊の自慢は、箱根湖畔ゴルフコースの16番ロングホールで記録したアルバトロスだった。打ち下ろしのティーショットを300ヤード近く飛ばし、右ドッグレッグの2打目をスプーンで見えないピンに向けて力任せにひっぱたいた。グリーンに到着すると、なんとカップインしていたのだという。

神永は筆者の古巣、夕刊フジに1985年9月、「ライバル」と題したゴルフのコラムに、猪熊とのグリーン交遊について書いていた。

《私のよきライバルといえば、現役時代の好敵手である猪熊功七段である。彼のゴルフは柔道と同じで攻めまくるブルファイターである。ドライバーは私のほうが飛ぶが、グリーン周りは

東京五輪で重量級を制して金メダリストとなった猪熊（左から２人目）だったが、結局、念願のヘーシンクとの対戦は叶わないままとなった

猪熊君のほうがうまい。

パターは柔道でみせた積極さで、サッと打つ。私もそんなに遅くないと思うのだが、猪熊君の速さにはかなわない。遅く、イライラさせられるより気分がいい。

ドライバーでチョロして安心していると、結果的には逆転負けをすることがたびたびあった。今まで何度かスクラッチでプレーをしたが、前半ハーフは勝っても、後半は負けとか、その逆もありで、いまだに勝負はついていない。

柔道は私のほうが分がよかったが、猪熊君にしてみれば「ゴルフでは負けないぞ」と内心思っているのかもしれない。こんど対決するときは、完膚なきまでやっつけ、勝負をつけたいと思っている》

2人の柔道にも人生にも通じ、遠慮のない真の交遊が伺える。なんとも味のあるコラムだった。

昭和の三四郎

ヘーシンクに敗れた男と戦えなかった男の軌跡を追ってきたが、ヘーシンクとの対戦を切望したのは、猪熊だけではない。

東京五輪の中量級で金メダルを獲得した岡野功もまた、「日本柔道敗れる」の世評に、「大きければ強いのか」と反発していた。

立ち技の切れ味で「昭和の三四郎」と呼ばれた岡野は、必殺の背負い投げに磨きをかけたが、ヘーシンクの突然の引退で対戦の機会は得ることはできなかった。

それでも体重70キロ台半ばの体で、無差別の全日本選手権に出場を続けて巨漢選手を投げまくり、１９６７年、69年の大会で日本一となった。

筆者は岡野の2度の日本一を、いずれも日本武道館で見ている。東京五輪同様、父に連れれての観戦だったが、今度はチケットもあり、座って見ることができた。１９６７年の決勝では、後に山下の師匠となる佐藤宣践を左一本背負いで投げ上げた。小柄な少年だった筆者には、小よく大を投げる岡野が、なんとも格好よく見えた。

富田常雄の『姿三四郎』ほど、柔道人口の増加に貢献した小説はないだろう。小説だけではなく、黒澤明監督、藤田進主演の映画もヒットし、その後も加山雄三、三浦友和らの三四郎役で何度も映画化された。テレビドラマでも倉丘伸太郎、竹脇無我、勝野洋らが三四郎を演じた。すでに触れたように神永昭夫も猪熊功も姿三四郎に憧れて柔道を始めたが、彼ら重量級の猛者が「○○の三四郎」と呼ばれることはない。

小説のモデル、明治の柔道家、「講道館四天王」の西郷四郎は身長が１６０センチに届かず、小兵よく大男を豪快に投げる英姿が命名の条件となった。「昭和の三四郎」といえばそれは岡野の代名詞であり、「平成の三四郎」はバルセロナ五輪71キロ級の金メダリスト、古賀稔彦である。「令和の三四郎」と呼ばれる柔道家は、まだいない。

２００７年、産経新聞の社会面で「美しい国」と題する連載を掲載した。担当記者が各々、表題から連想する光景、人物を選び、描写する企画だった。

筆者は反射的に、古賀稔彦の一本背負いを連想し、記事を書いた。なぜ彼は、足腰を伸ばし、あれほど高く、弧を描いて投げ続けたのだろう。相手の背を畳につければ勝つことができる競技で、あれほど大きく美しく投げ続ける必要があったのか。映像的な美しさだけではなく、そこに「武士は食わねど高楊枝」的な美質を感じたのかもしれない。

「平成の三四郎」と呼ばれた彼の一本背負いは、どう生まれたのか。

佐賀の小学校で柔道を始めた古賀の得意技は、背負い投げだった。多くの選手がそうしていたように、片膝を畳につけ、背を丸めてころんと転がるように相手を投げていた。小学校を卒業し、すでに単身、東京の私塾「講道学舎」で柔道を学んでいた2歳年長の兄、元博の後を追って上京した。そこで見た兄の背負い投げは凄まじいものだった。立ったままの姿勢で高々と投げ飛ばし、相手は宙を舞って畳に叩きつけられた。兄のように投げたい。感動し、憧れた。兄も「お前のように膝をついた背負いでは大きい相手は投げられん。俺が教えてやる」といってくれた。

兄の伝授が始まった。厳しかった。早く技を覚えて、兄の恐怖から逃げたい一心だった。足の入り方、指の角度、腕の使い方、毎日毎日、反復練習が続いた。たとえば、両足は平行に揃えて膝から腰を跳ね上げる。がに股に慣れた両足はなかなか平行にならず、登下校時には周囲に人がいないことを見計らい、わざと極端に内股で歩く練習もした。徹底的な基本の繰り返しだった。古賀は「基本が大体であれば技は崩れていく。基本は理に叶っているから、自ずと綺麗な技になる。職人の世界です」と話した。

兄にこの背負い投げを教えたのは、講道学舎のコーチだった岡野功である。古賀の入門時にはすでに学舎を去っていたが、技と精神は兄を通じて古賀に伝えられた。立ち木を根こそぎ引き抜くような古賀の豪快な一本背負いの原型は、岡野にあったことになる。

兄、元博はいった。

「岡野先生に憧れ、少しでも近づきたかった。実際に先生と組んで体で感じたものを、弟にも教えました。なんでできないんだろうと、それは厳しかったと思います。でもあいつは、俺を抜くためにやり切った」

古賀が高校３年、兄が大学２年の秋、東京都新人体重別選手権の決勝で２人は対戦した。寝技の攻防となり、弟は耐える兄の腕を蹴って外し、十字固めを決めた。

「立ち技では勝負がつかないだろうと寝技に持ち込んだのが失敗でした。あいつは誰が相手でも妥協しない。俺の腕を蹴るとは」

弟に敗れた兄の述懐だ。

「悔しさ半分、残り半分も嬉しいとはいえなかった」

それでもこの日から、兄は弟のサポート役に回った。

1992年のバルセロナ五輪で古賀は、現地入りしてからの稽古中、講道学舎の後輩、吉田秀彦との乱取りで左膝の靭帯を損傷する重傷を負った。それでも痛み止めを打って出場した71キロ級の準決勝では高々と一本背負いを決め、決勝も旗判定で制して優勝した。

金メダルを獲得すると、古賀は痛めた左足を引きずってスタンド最前列の兄に駆け寄り、がっちりと手を握り締めた。兄は「凄い奴だ」と話した。筆者はスタンドの記者席からこの光景を見ていた。

岡野にも聞いた。

「背負いで跳ね上げる両足は、本当は平行ではいけない。軸足は投げる方向に真っすぐ向き、強く捻るために一方の足はわずかに開いたほうがいい。そうして私は、自分の腰を相手の膝の握りこぶし一つ分上にぶつけるのです」

これが古賀のいう、「職人の世界」であるのだろう。

岡野に「美しい国」の連想を問うと、「朝日の当たる富士山」と答えた。

「美しいだけでなく、雄々しく、逞しく、重厚でなければならない。度量がなくてはいけない」

古賀は「心」と答えた。

「バブル期に大人たちはお金を稼ぐ、子供たちはいい学校に入ることばかりを求められました。心を養ってこられなかった大人や子供が今、様々なストレスや悩み、問題を抱えている。美しい日本は、もう一度、心を取り入れていかなくてはいけないと思うのです」

バルセロナ五輪の余話を一つ。

78キロ級の代表、吉田秀彦は精神的にどん底の状態にあった。兄弟子と慕うエースの古賀に重傷を負わせてしまったためだ。

78キロ級決勝の畳に上がる吉田の黒帯に「吉村」と縫い込まれているのを、記者席で隣にいた同僚が双眼鏡をのぞいて見つけた。吉村和郎は岡野の後任として講道学舎のコーチとなり、古賀、吉田を直接指導した。何かに頼りたかった。その思いが師の黒帯を締めさせたのだろう。

吉田は内股による一本の連続で金メダルを獲得したが、表彰式では涙一つ見せなかった。翌日の71キロ級では古賀の付き人を務め、彼の靴下を握り締めて応援に回った。

古賀の優勝が決まると、吉田はようやく人目もはばからず泣きじゃくった。その夜吉田は、本部役員として選手団を率いた明治大学の先輩、神永と祝杯をあげた。吉田も左足首を骨折していたことが分かったのは、大会を終えての帰国後だった。

五輪金メダルの2人の後輩についても岡野に聞いたことがある。

岡野は「技にもう一つ、力強さがほしかった」と辛口に評した。「同じ体重で戦って勝っても当たり前、もっと大きい相手を投げてほしかった」というのだ。先輩は、どこまでも厳しい。

だが、岡野の遺伝子を引く古賀は1990年、吉田も94年、ともに無差別の全日本選手権で重量級を相手に勝ち進み、準優勝している。

吉田は後に総合格闘技のリングに新たな戦いの場を求めたが、再び柔道に帰ってきた。

古賀は指導者として2004年アテネ五輪の女子63キロ級で谷本歩実を金メダルに導いた。川崎市で町道場「古賀塾」も主催し、子供たちに柔道を教えていた。将来の柔道界を背負って立つことを期待されたが、2021年3月24日、53歳の若さで亡くなった。

前日に見舞った吉田は、すでに言葉を交わせなかったという。訃報の翌日には、2度目の東京五輪の聖火リレーが福島県のJヴィレッジでスタートした。古賀も故郷の佐賀県みやき町で5月、トーチを手に走る予定となっていた。

両雄の死

神永もまた、1993年3月21日、直腸がんのため、56歳で亡くなった。50代での死は、あまりに早い。

前年のバルセロナ五輪では日本選手団の総監督を務めており、筆者も現地で取材したが、病に苦しんでいるようには全く見えなかった。おそらくすでに、痛みは激しかったはずである。柔道界だけではなく、スポーツ界全体が惜しむ、若過ぎる死だった。

神永が亡くなった直後に、東海建設を訪ねた。

猪熊は週に4回のスポーツジム通いで現役時代以上に筋骨隆々となっていた体を縮め、涙を流してこう話した。

「寂しかった。あれだけの人物は、もう出ない。彼を全柔連の会長に。それだけが私の柔道界に対する、たった一つの心残りでした」

前年の12月には、２人で老酒を飲み交わしていた。猪熊は4月に東海建設の社長に就任することが決まっており、神永は祝宴を設けると約束してくれていた。入院の知らせを聞いて病院に駆けつけたが、すでに面会謝絶で、最後の会話を交わすことはできなかった。

そして２人の姓について話し始めた。

「猪であり、熊であるという、戦う者の象徴として私はこの姓には誇りを持っています。攻めて攻めまくるという、私の人生そのものだ。だが、攻めがいのある相手がいなくなってしまったことが寂しい。永《とこしえ》の神であるという神永さんの名のスケールの大きさはどうでしょう。思えば神永さんは、私の攻撃を防ぐだけではなく、守っていてくれたのではないでしょうか」

それは現役時代に青畳で戦った宿敵物語だけではなく、猪熊が国際柔道連盟会長代行として段位の発行などを巡って家元講道館を激しく攻め、神永が全柔連の専務理事として混乱の収拾に動いた2人の引退後の因縁も想起しての言葉だったのだろう。

猪熊は、私淑した松前の引退とともに、中央の柔道界からも一線を引いていた。

神永亡き後の柔道界で、再び自身が立つ日はないか、聞いた。

「いや、残るエネルギーは社業に向けますよ。柔道は個人の努力だが、会社組織は人の和です。その上に立ってマネジメントし、社員の生活に責任を持つ。スポーツとはまた違う大きな使命感があります」

その強過ぎる使命感が、後に悲劇を生む。


神永が亡くなった翌月、4月18日には「木村の前に木村なく、木村の後に木村なし」と謳われ、「鬼」と呼ばれた柔道家、木村政彦も大腸がんのため亡くなった。75歳だった。筆者はロサンゼルス五輪前年の1983年、当時監督を務めていた拓殖大学に、「山下泰裕に死角はあるか」といった記事を書くため、木村を訪ねたことがある。

木村は「ない」と答えながら、「私なら今でも、10度戦えば1回は勝つことができる。その勝利を最初の勝負に持ってくる秘策もある」と答えた。すでに66歳だったはずだが、衰えぬ闘志に驚かされた記憶がある。

木村死去の一報を猪熊に伝えると、こう尋ねられた。

「木村先生は何段でしたか」

確認して「七段でした」と答えた。

「そうですか。木村先生も七段でしたか」

15年間不敗の圧倒的な成績を残した木村はその後、プロ柔道に転じ、力道山と戦うなど柔道界とは長く距離を置いた。同様に国際柔連、全学柔連の実力者として講道館に弓を引いた猪熊の段位も、神永と昇段を競った七段のまま止まっていた。神永は八段で逝き、死去後に九段となった。

ただ、講道館と距離を置いていたとはいえ、世界の柔道界と猪熊の関係が全く絶たれていたかといえば、それは違う。

こんなことがあった。

柔道の創始者、嘉納治五郎の孫で、講道館館長、全柔連会長を務める嘉納行光が１９９５年の国際柔連の会長選に立った。候補者は嘉納と、再選を目指す当時会長のスペインのルイス・バゲナ、そして韓国柔道連盟会長の朴容晟の３人だった。選挙権を持つのは１７７の国・地域で、1回目の投票で過半数を取れば勝ち。過半数を獲得する候補者がいない場合は1、2位の候補者の間で決選投票を行うというものだった。全柔連の関係者からは、「1回目で決めたい」と強気の票読みが伝わっていた。

猪熊を訪ねた。予想は以下のようなものだった。

「最大勢力の欧州は6、7割を朴氏が押さえている。嘉納さんは4、5票で、残りはバゲナ氏。アジアは日韓半々だが、ソ連崩壊後の新アジアは朴氏が強い。オセアニアも朴氏が優勢だ。日本が期待するのはアフリカの一本化とパンアメリカの取り込みだが、アフリカは日韓双方にいい顔がしたい。パンアメリカは朴氏が切り崩しを図っている。この両地域次第で朴氏の一発勝利もあり得るが、決選投票となれば、朴氏が3位ならその票はバゲナ氏に、バゲナ氏が3位なら朴氏に流れる。いずれにせよ、嘉納さんの目はない」

「OBビールの会長でもある朴氏は、その財力をバックに国際柔連や各国に寄付を約束しており、韓国は各国大使館がこれを後押ししている。柔道界だけでやっている日本との差は大きい。1988年五輪の開催地を巡って名古屋がIOC総会でソウルに惨敗した五輪招致戦の小型版になりそうだ」

結果は、1回目の投票で朴71、嘉納60、バゲナ24票。決選投票では朴が票を88に伸ばし、嘉納の票は69に伸び悩んで落選した。

日本側の陣営からは「80は押さえていたはずだった。1回目の60はショックだ。予想される誤差の下限をはるかに下回った」「1回目で決めることは難しくても、トップは絶対外さないと思っていた。今は湿っぽい気分だ」との声が聞かれ、どの顔も意気消沈していた。1人、嘉納本人だけが「いったでしょ。選挙は蓋を開けてみなければ分からないって」と淡々としていたのが印象的だった。

だが、蓋を開ける前に結果をいい当てていた柔道家は、日本にもいたのだ。選挙当日の朝には、韓国紙記者からもほぼ正確な票読みを聞いていた。

結果を踏まえて、改めて猪熊に聞いた。どうしてこれほど的確に予想できたのかと。

「いや、私は何もしていないですよ。ただ、各国の関係者とは長年の付き合いがありますから、黙っていても自然と入ってくる情報はあります」

もう1度、聞いた。柔道界の立て直しに立つ気はないか。

「いや、私が出ていけば、また柔道界が生臭くなりますから」

そう笑いながら話し、取り合ってもらえなかった。

神永の死に涙を見せたのは、猪熊だけではない。

「フジヤマのトビウオ」、当時のＪＯＣ会長、古橋広之進もその1人だった。

神永が亡くなった後に、東京・大手町の居酒屋で飲む機会があった。

古橋は戦後の食糧事情が悪く、いもばかりを食べて競技会でも力が入らなかった話や、JOC会長の後継問題などを巡って、夜回りの担当記者に会いたくない時は自宅へ真っすぐ帰らず、「ホテルを取るのも卑怯な気がして、そんな時はどうしていると思いますか。山手線をね、ぐるぐる回っていたんです。誰にも気づかれたことはないな」などと話して、さんざん笑わせてくれた。ただ話題が神永の若過ぎる死に移ると、大きな体を丸めるようにして、流れる涙を隠そうともしなかった。

「私はね、神永君にバトンを渡したかったんです。日本のスポーツ界を託すのは、その人格からいっても、神永君しかいないと思っていた。まさか私より先に神永君が亡くなるなんて、考えたこともありませんでした」

その少し前、国際卓球連盟の会長などを務めた荻村伊智朗も1994年12月4日、62歳で亡くなっていた。

「神永さんと荻村さんに両輪で日本のスポーツ界を牽引してほしかったですね」

そう水を向けてみたのだが、古橋の荻村評は芳しいものではなかった。荻村がソ連や中国、北朝鮮といった東側諸国との関係が深かったことに、国士の一面もある古橋は納得できないようだった。その後も「神永君がなあ」と、そればかりを繰り返した。

東京五輪に関わる最大の悲劇はマラソンの銅メダリスト、円谷幸吉の自死だろう。ただ、東京五輪で活躍した選手による同様の最期は、円谷だけではなかった。

陸上競技の女子80メートル障害で決勝に進出し、５位に入賞した依田郁子もまた、１９８３年10月14日、自宅で自ら命を絶った。45歳だった。同年の５月に膝の手術を行っているが、すでに現役を退いた後でもあり、遺書は残されず、その動機は分かっていない。

オリンピックの陸上競技で日本の女子選手が入賞したのは、１９２８年、アムステルダム大会の女子８００メートルで銀メダルを獲得した人見絹枝以来、２人目だった。短距離種目で五輪の決勝レースに残ったのは、今も依田ただ１人である。

依田はレース前、とんぼを切り、倒立して精神を集中する独特のルーティンでも知られた。東京五輪での入賞には、当時の産経新聞にサトウハチローがこう記している。

《依田郁子の白ハチマキに
ボクたちの目は吸いつけられ
依田郁子のスタート前のさかだちに
ボクたちの心はちょっぴりほぐれる
依田郁子の遠い空をみつめる姿に

ボクたちはつみ重ねられた苦労を見いだし
依田郁子の二十六歳という年に
ボクたちは敬愛の念を深める》
依田の快挙、午前の準決勝で決勝進出を決め、午後の決勝で5位に入賞したのは、1964年の10月19日だった。
そして2001年9月28日、東京五輪柔道重量級金メダリスト、猪熊功も東海建設の社長室で、日本刀を首に当て、自刃した。63歳だった。
バブルの崩壊後、東海建設は経営不振に陥り、これを苦にしての自殺だった。2週間後の10月12日、同社は東京地裁から破産宣告を受けた。負債総額は243億円だった。
筆者は当時、産経新聞の大阪社会部でデスクをしており、通信社の速報で訃報を知った。通信社の記事には段位の記載がなかったため、講道館に確認の電話を入れた。
「今年の4月30日で八段となられています」
その事実を知り、産経新聞の東西の紙面に「評伝」を書いた。
神永とのライバル物語を中心に記した原稿には、「東京五輪柔道金メダリスト猪熊さん死去 ライバル故神永氏と同じ八段で逝く」と、見出しをつけた。

引き継がれる思い

日本の柔道界は2012年のロンドン五輪で男子は金ゼロ、女子は金一つだけの惨敗を味わった。加えて五輪指導者のパワハラ問題や助成金不正受給などの不祥事が続出した。この立て直しのため、新日鐵住金（現・日本製鉄）会長の宗岡正二が上村春樹の後を受け、2013年8月21日、全柔連の会長に就いた。

宗岡はまず組織を改編した。副会長を山下泰裕1人とし、専務理事には東大柔道部の後輩でもある元大阪府警本部長の近石康宏を配した。それは会長就任を受諾するに当たり、宗岡が出した条件であったという。新執行部は矢継ぎ早に組織改革を進めた。理事会、評議員会に70歳定年を導入し、各都道府県の長老、古老が名誉職として名を連ねていた評議員会の定数は約半分の30人とした。

新体制は、発足2週間で試練を迎えた。名門の天理大学柔道部で上級生による下級生への暴力的指導が明るみに出た。近石を中心とする新執行部は3カ月間の競技者登録停止という厳しい処分を打ち出し、一部の反対を押し切った。処分対象には、直前の世界選手権で優勝していたエースの大野将平も含まれた。

２０１６年のリオデジャネイロ五輪に向けて宗岡は、強化を一任した副会長の山下に、三つのお願いをした。試合終了後の選手にガッツポーズをさせないこと。鳴り物入りの応援をさせないこと。試合後の会見では感情を抑え、礼節を重んじること。この3点だった。念頭には、勝って驕らず陣営の乱入を冷静に押し留めた東京五輪のヘーシンクと、彼の背を抱いて勝利を祝福した神永の潔い姿があった。

リオ五輪は宗岡にとって、嬉しい大会となった。

自らが会長となり、初めての処分を下した大野は謹慎期間中、東日本大震災の被災地で復興支援のボランティアをしながら自分を見つめ直し、73キロ級を圧倒的な強さで制して金メダルを獲得した。勝敗が決しても大野は畳を下りるまで笑顔さえ見せず、インタビューでは冷静に、敗者に敬意を表した。女子70キロ級で金メダルの田知本遥は決勝戦を合わせ技一本で優勝を決めると、まず相手を気遣った。

それが宗岡には、何よりも嬉しかった。

リオからの帰国後に、男子監督の井上康生は日本記者クラブで会見した。司会は筆者が担当した。

大野と田知本。大会での２人の金メダルと態度について聞くと、井上は「２人の振る舞いは美しかった。最高の舞台で最高のパフォーマンスを見せ、なお自身を律するのは柔道家が求める姿です」と話した。

少々意地悪く、シドニー五輪で金メダルを決めた際の井上の派手なガッツポーズについても聞いてみると、「今では恥ずかしく思う」と苦笑しながら答えた。

リオ五輪後、新日鐵住金の会長室に、宗岡を訪ねた。

次の大目標、東京で2度目の開催となるオリンピックについて聞くと、「あくまで勝利と、柔道本来の精神の両立を目指す」と答えた。

様々な競技で、「勝利至上主義」はパワハラなどの不祥事や故障の元凶と、非難の的になっていた。勝利の希求と、「自他共栄」に代表される嘉納治五郎が唱えた柔道の精神は両立するのか。矛盾はしないのか。そう疑問を口にした。

宗岡はこれには明確に答えず、取材を終えての帰り際、1冊の本を筆者に手渡した。

上皇陛下が皇太子時代にその教育掛を務めた元慶応大学塾長、小泉信三の随筆集だった。所々に付箋があり、ページを繰ると鉛筆で線が引かれていた。

その中に次の名文があった。

《運動競技の弊害を防ごうとして、選手に向かって、仕合には勝たなくても好（よ）いと説くものがある。そういう理屈も付けられれば付けられるかも知れないが、要するに人情とかけ離れた机上の空論たるを免れぬ。こういう説では選手も真面目に聴く気にはなれまいと思う。フェア・プレエが尊いのは、試合に勝つということに価値があるからである。勝っても負けてもどうでも好いものならば、態々（わざわざ）フェア・プレエを説くにも及ばぬことではないか。「渇しても水は飲まないでも好いものだ」というのでは、子供欺（だ）ましにもなるまい。「試合には是非（ぜひ）勝て。しかし卑怯（ひきょう）な汚い真似は間違ってもするな」というが、最も正直な忠告であろう。而して最も正直な注意は、最も有効な忠告である》（『財政経済時報』昭和2年12月号）

言葉が、すとんと腹に落ちる感覚があった。

神永もまた常々、「勝負なのだから、なんとしてもまず勝たなくてはならない。勝ってこそ柔道の精神が云々できる」と話していたのだという。

全柔連改革に道筋をつけた宗岡は「ほぼめどがついた」と、2017年6月、会長職を辞し、後任の会長には山下が就いた。

神永の意志を継ぐ後輩が、猪熊の弟子に後を託したことになる。

山下はまた、五輪招致に関わる疑惑に揺れて辞任した竹田恒和に代わり、JOCの会長に就任した。古橋が酔って口にした「後を託すなら神永君に」との叶わなかった願望も、時を経て山下が引き継ぐことになった。

第3章

ベラ・チャスラフスカと遠藤幸雄

TOKYO 1964

ドンピンの夜

いつもの店で、いつものように飲んでいた。

２０１６年の暮れだった。その頃、誰彼となく、東京オリンピックが開催された１９６４年10月、どこで何をしていましたか、と。同じ質問を繰り返していた。新聞の連載企画のためである。

店のママに聞いた。「結婚していたね」

ママの妹にも聞いた。「もう歌っていたね」

いつも通りの、素っ気ない答えが返ってきた。

東京・中野の鍋屋横丁にあった店の名は、「ドンピン」という。芸人仲間の符丁で、ドンは「２」、ピンは「１」。21はカードゲームの最高役で、チャンピオンを指す。今は、もうない。

浅草の芸人一家に生まれた姉妹で、店のママは百合子・タウンゼント。元はムーランルージュのダンサーで、ハワイ出身のボクシング・トレーナー、エディ・タウンゼントと結婚した。エディは、「リキジム」を開設した力道山の強引な招きで来日し、協栄、田辺、ヨネクラ、船橋、三迫、金子、グリーンツダなどのジムを渡り歩きながら藤猛、海老原博幸、ガッツ石松、柴田国明、友利正、井岡弘樹と6人の世界王者を育てた名伯楽である。エディとは取材で知己を得て、頻繁に飲む機会に恵まれるようになった。エディは最後の愛弟子、井岡が初防衛戦をKO勝利で飾ったその深夜、正確には1988年2月1日未明に亡くなった。それ以降は筆者も、この店で飲むようになった。

店のカウンターで、多くの人と知り合った。

ローマ五輪フライ級の銅メダリスト、田辺清もその1人だった。スポーツ新聞記者を経てのプロ入り後は日本王者となり、難攻不落の世界王者、オラシオ・アカバロ（アルゼンチン）をノンタイトル戦で破って正式に世界タイトルへの挑戦者となった。その世界戦準備のため、藤猛と合同で張ったキャンプ中に網膜剥離を発症して視力を失い、プロ無敗のまま引退を余儀なくされた。悲運のボクサーである。田辺の中央大学の2年後輩で、合宿所では同室だった桜井孝雄は、東京五輪のバンタム級で金メダルを獲得した。

ママの妹は、森サカエという。

進駐軍のキャンプで歌い始めたジャズシンガーで、デキシーからラテン、船村徹に師事した演歌まで、レパートリーは幅広い。1958年に日劇の舞台に上がり、60年にレコードデビュー。第42回日本レコード大賞功労賞も受賞している。

ママが東京五輪当時、すでにエディと結婚していたことも、サカエが一線でジャズを歌っていたことも知っていた。どうもこの話題は広がらないな、と諦めかけていると、入り口近くのカウンターで静かに佇んでいた紳士が会話に入ってきた。

「うちの先生は、東京五輪でチャスラフスカさんの演技の際に伴奏をピアノで弾いたと聞いたことがあります」

紳士は、名を田中聖健といった。ジャズピアニストでアレンジャーの第一人者、前田憲男のマネジャーだった。この日は、サカエのコンサートのため、前田が編曲した譜面を持参し、来店していたのだった。

初めて聞くエピソードだった。前田とは古い付き合いで、芸能界を長く生きてきたサカエも全く聞いたことがないという。田中に、ぜひ前田に会わせてほしいと頼み込んだ。

数日後、田中から連絡があった。申し訳なさそうに、こう話した。

「チャスラフスカさんの演技でピアノを弾いたというのは私の勘違いだったようです。先生が東京五輪で伴奏をつけたのは日本選手だけで、それでもよろしいでしょうか」

それでも初耳に変わりはなく、「もちろんです」と答えた。田中はさらに申し訳なさそうに、こう付け加えた。

「東京五輪の際には服部克久先生もご一緒にピアノを弾かれたそうなのですが、服部先生にも同席していただいてよろしいでしょうか」

否も応もない。ジャズとポピュラーの両巨頭である。棚からぼた餅のような展開に、こちらのほうこそ恐縮して電話口で頭を下げた。酒は飲むべし、街には出るべしとひとり合点していた。インターネットを漁っても、こうした話は出てこない。ネタは酒場にある。

後日、東京・緑山スタジオの番組控室で２人の話を聞いた。

「いい女だったなあ」

１９６４年10月10日、若き音楽家、服部克久は国立競技場のスタンドで開会式を見ていた。見事な式典だった。快晴の青空、満員の観衆。ところが、隣の席は空いたままである。日本体操協会に招待され、隣席のチケットを持つ前田憲男は渋滞に巻き込まれ、大幅に遅刻していた。ようやく競技場にたどり着いた時、大空には航空自衛隊が描いた五つの大きな輪があったというから、これはもう式典の最終盤である。

ポピュラー、ジャズの作曲・編曲家として大御所となる２人も、当時は服部27歳、前田29歳。新進気鋭の若手音楽家だった。

体操競技は、女子の床運動のみ伴奏がつく。レコードでは着地の振動で針が飛ぶ可能性があり、演技と合わなくなる恐れがあるからと、当時はマットの横にアップライトピアノを置き、ピアニストが生演奏で演技に合わせて弾いた。ソ連やチェコスロバキアなど、他の参加国も、それぞれの国のピアニストを選手団に帯同させていた。

東京五輪の晴れ舞台に向けて、ピアニストは厳選された。白羽の矢を立てられたのが、服部、前田であり、他にクラシックの宅孝二、山本直純らも加わった。後々を考えれば、錚々たる面々である。日本の女子選手は、池田敬子、相原俊子、小野清子、中村多仁子、辻宏子、千葉吟子。それぞれの好みや演技傾向に合わせてピアニストとのコンビを決め、服部は選手の入退場や式典の際の伴奏に回った。選手はもちろん、ピアニストらの奮闘もあり、日本はソ連、チェコに続いて団体3位で銅メダルを獲得し、表彰台に上がった。

2人によれば、直前合宿はたったの1回だけ。選手と合わせての練習も数回のみだったという。曲はすべて選手に合わせたオリジナルで、ほぼ即興に近かった。それで演技にぴたりと合わせることができるのか。不思議だったが、前田はこともなさげにこういった。

「なに、簡単だよ。演技を見ながら着地の時にピアノをダンと弾けばいいんだから。指揮と一緒だね」

服部も「おおらかなものでしたよ」と話し、こう続けた。

「事前の合宿でみんなと酒を飲んだのが楽しくてね。ジャンルが違う人たちと飲む機会はそれまで、あまりなかったから。宅さんが僕らの作曲法に『そんなやり方があるのか』と感心してくれたりね」

宅孝二は東京五輪当時60歳で、合宿メンバーではただ1人の長老格だった。戦前に渡仏してクラシックを学んだ作曲家、ピアニストだが、後年、ジャズに傾倒した。この音楽合宿で服部や前田の音楽に触れたことが影響したのかもしれない。

ベテラン音楽家の話はどこまでも楽しく、尽きることがなかった。

服部が「翌年の正月にギャラ7万円をもらったのが嬉しかった。当時の7万円は大変なものだったからね」といえば、前田が「俺はもらっていないよ。ボランティアだった」と答える。

服部は「そんなわけないだろ。全部飲んで忘れてしまっただけじゃないのか」といった具合に。

服部が「五輪では、ドイツのピアニストなんか全曲違うキーで弾いてね。誰がそんなことに気づくのだろう。世界にはいろんな奴がいるなと驚いた」と話すので、チャスラフスカの演技には、どんなピアニストが弾いたのか、2人に聞いてみた。

「それがチャスラフスカに見とれちゃってね。全く覚えていないんだよ」と前田。

服部も「あれは、大人の女という感じだったねえ。その後は〝子供の競技〟みたいになってしまったけど」と続け、前田がこう付け加えた。

「ゲスないい方をすれば、〝いい女〟だったなあ」

10 月 19 日の体操女子、床演技で観客を魅了したチャスラフスカの演技。彼女にとって、東京は特別な場所になった

彼女の自伝『ベラ・チャスラフスカ　自伝　オリンピックへ血と汗の道』（サンケイドラマブックス刊）によれば、チェコの帯同ピアニストは、ルダ・キズフルといった。同書によれば、彼は大会期間中、選手村でひと騒動を起こしている。当時、選手村ではレンタルサイクルが大人気で、なかなか順番が回ってこない。彼は一番いい自転車で村内を縦横に走ってやろうと、壁に無造作にもたせかけてあった立派な自転車を拝借し、乗り回した。ところがそれはオランダの自転車競技チームのレーサー（競技用自転車）だったので、怒った選手らに追い回され、大騒ぎになったのだという。そんな一部始終を、彼女は面白おかしく書き残している。

ちなみに五輪の舞台ではないが、チャスラフスカの演技にピアノで伴奏を弾いた日本人もいる。日本体操協会は五輪後、慶応大学出身のピアニスト、鈴木邦彦と専属契約を結んだ。五輪翌年の1965年12月、日本武道館で開催されたチェコ・日本体操競技会では池田敬子の発案で、「親善試合なのだから華やかに」と、平均台にもピアノ伴奏をつけた。チャスラフスカの演技には、鈴木がチャップリンの『ライムライト』を弾いたのだという。

鈴木は1966年、西独のドルトムントで行われた世界選手権にも専属ピアニストとして日本選手団に帯同した。後には、奥村チヨの『恋の奴隷』、ザ・ゴールデン・カップスの『長い髪の少女』、森田健作の『さらば涙と言おう』などを作曲した。

東京五輪当時、チャスラフスカはまだ、22歳の学生だった。その後の極端な女子体操競技の若年化の対局として、彼女には成熟、大人の女性といった形容詞が付随することになるが、実像はユーモア溢れる活発な少女の面影を残していた。

たとえば同書によれば、初来日時にはホテルの部屋に用意された寝巻用の浴衣を手に、「これが日本のキモノね」と感激し、さっそく着込んで外出しようとしたところ、ロビーで止められたこと。東京五輪の来日時には、羽田空港での到着会見で記者から日本人を結婚相手に選ぶ可能性を問われ、「日本の男性は何よりも気楽さと美味しい食事を好まれるそうですね。夕食にハンバーグを作る代わりに半ひねり宙返りをやる奥さんに満足できる日本の方が果たしていらっしゃるでしょうか」と答えて笑わせたこと。五輪期間中はあまりの人気に東京見物もなかなかままならなかった。そこで黒髪のかつらにネッカチーフ、サングラスで変装して外出した。デパートでは店員から、サインを求められ、せっかくの変装がばれては大変と、いかにも英語名らしく「エルザ・スティーブルトン　USA」と偽名を書いた。店員からは丁寧に「どうもありがとうございます。チャスラフスカさん」とお礼をいわれた。変装は無駄だった。

こうしたエピソードをいくつも、なんとも楽しそうに書いている。

お忍びで外出した街では、交通事故も目撃した。ぺちゃんこになった車から這い出してきた運転手同士が互いに無言で歩み寄り、深々とお辞儀し、名刺を交換して立ち去ったのだという。

「チェコではあり得ない光景」と彼女は書いたが、現在の東京、日本でもあり得ない。

後に日本での会見で語ったところによれば、チャスラフスカが東京五輪に最も感銘を受けたのは、秒刻みで動く運営の正確さだった。時刻表では、選手村から体操会場へ、11時5分にバスが出る。選手らが11時に待っていると、4分にバスが到着し、5分に出発した。同僚のヤルカ・ストラーチバはチャスラフスカに、こう話しかけたのだという。

「ねえベラ、この国はなんて退屈なのでしょう。待つという楽しみが何もないじゃないの」

何回乗っても、行きも帰りも1分の狂いもなく、故障もない。ヤルカがまた、こういったそうだ。

「本当にこの国は退屈ね。何かが壊れるということはないのかしら。なんで機械のように、この国は正確なのかしら」

こうして東京と日本は、楽しいことばかりの最良の記憶としてチャスラフスカの人生に刻まれた。それは東京五輪が、100％競技者として臨むことができた大会であり、その後の悲劇との対比によるものでもあった。

文通で誓った金メダル

《妙技と秘技、そのすさまじい応酬だった。人間の運動能力の極限にせまる日ソ両国選手の気

迫は、七千の観衆を完全に魅了した。観衆は息をころし、つぎの瞬間、握りしめていた手のひらを開いて拍手した》

1964年10月21日付の産経新聞1面トップは、本文をこう書き出している。日本の体操男子団体のローマ大会に続く五輪連覇と、遠藤幸雄の個人総合優勝を伝える記事だ。

特集面では、サトウハチローが「鉛筆もノートも楽しく」と題し、躍動する演技をこう表現していた。

《風を切る鹿
月にとぶむささび
とんぼがえりのリス
宙返りのつばめ
黒ひょうのしなやかさ
サラブレッドのうつくしさ
はばたく大鳥のたくましさ》

同じ面で画家の岡本太郎は「しなやかな格調」と題してこう書いた。

《オリンピックのスリルは、肉体が限界ぎりぎりに迫っていくところにある。失敗と成功のかねあい。そういう熱気に、見る者も思わず引き込まれて、自分自身参加しているような気になってしまう。ことに体操など、勝ち負けのかけひきではないのだ。見事な演技。その決定的なポイントに成功するか失敗するか。敵でも味方でも、その瞬間におののき、よろこび、失望するのだ》

社会面を開くと、そこには遠藤が中学、高校時代を過ごした秋田の「感恩講児童保育員」の雑感があった。食堂に集まった子供らはテレビに見入り、遠藤の優勝を祈った。遠藤は子供らに「必ず金メダルを持って帰る」と約束していたのだという。個人総合優勝の行方が決まった瞬間、子供らは歓声を上げ、職員はダイヤルを回して電話局を呼び出し、電報の文面を読み上げた。

《ニイチャン、ユウショウ、オメデトウ、コドモタチ》

遠藤は１９３７年1月18日、秋田市の生まれ。小学４年の時に母親を亡くした。病弱だった父親が事業にも失敗し、中学1年の時、秋田市の「感恩講児童保育院」に預けられた。

感恩講は１８２９年（文政12年）に誕生した歴史ある施設で、命名は当時の秋田藩主、佐竹義厚によった。遠藤によれば、院での生活に暗さは微塵もなく、不自由な思いも差別を感じたこともなかったという。悪いことがあるといえば、過剰な同情や湿っぽい言葉をかけられることで、特別な目で見る周囲のほうに罪があると、そう話したこともある。

もともと体が弱く、扁桃腺炎でよく熱を出していたという遠藤少年は、中学のクラス担任だった体育教師に勧められて体操を始めた。最初は尻上がりもできなかったのだという。それでも次第に頭角を現し、3年生の時には秋田市の大会で3位となった。担任教師は遠藤に、高校進学を勧めた。院からの高校進学は前例がなかったが、担任教師が「ぜひ遠藤君に高校で体操を続けさせてほしい」とかけ合うと、同じ院から中学に通う3人とも進学が認められた。遠藤は最晩年まで、院への寄付を続けた。

秋田工業に進んで1年生の時、ヘルシンキ五輪の跳馬で銅メダルを獲得した郷土の先輩、小野喬の凱旋演技を見て、本格的に体操に没頭するようになった。小野は「鬼に金棒、小野に鉄棒」と謳われ、遠藤の台頭まで体操ニッポンをエースとして支えた。遠藤の中学の1学年先輩には、大泉清子がいた。後に小野喬と結婚し、2児の母として出場した東京五輪では女子体操団体メンバーとして銅メダルを獲得する小野清子である。引退後は参議院議員、国家公安委員長などを務め、2021年3月13日、新型コロナウイルスに感染して亡くなった。85歳だった。

遠藤は全国高校選手権で2位の好成績を収め、このタイトルとともに東京教育大学（現筑波大学）に進学し、小野の後輩となった。

小野はメルボルン五輪で鉄棒、ローマ五輪では団体と鉄棒、跳馬の種目別で金メダルを獲得したが、個人総合ではこの2大会ともソ連選手に僅差で敗れ、銀メダルに泣いていた。

だから東京五輪で遠藤が宿敵ボリス・シャハリン（ソ連）を破って獲得した個人総合の金は、

日本の体操界が初めて手にした悲願のメダルだった。感激した小野は個人的に、手作りの金メダルを遠藤に贈ったほどだった。

だが、遠藤の表情は晴れなかった。表彰台でも涙はなかった。個人総合の最終種目、鞍馬で尻もちをつき、さらに前のめりに倒れかかる大きなミスを犯し、それまでの貯金で辛くも逃げ切っての優勝だったからだ。遠藤の減点について審判の協議が長引き、この結果に対するソ連側の執拗な抗議で優勝の決定が遅れた事情もあった。後に当時の心境を聞くと、「そりゃ嬉しかったですよ。ただ最後の鞍馬で失敗したからねえ」と話した。

このミスを引きずり、種目別でもどこか冴えない演技が続いた。個人総合のミスで鞍馬の出場権はなく、床は銀メダルに留まった。跳馬は着地が乱れて6位。得意としていたはずの吊り輪も着地で手をつき、失敗した。このまま種目別は無冠で終わるのか。それはエースとして、個人総合王者として許されるのか。遠藤は精神的に追い詰められていた。残すは平行棒と鉄棒だけ。暗い気持ちのまま平行棒に向かおうとすると、誰も演技をしていないのに、東京体育館の観衆がいきなり沸き立ち、歓声が上がり、拍手の嵐が巻き起こった。

遠藤は何が起きたのか分からず、会場の役員に聞いた。

「駒沢体育館で日本の女子バレーボールが優勝したんですよ」

鬼の大松博文監督が率いた「東洋の魔女」の快挙である。

「ああ、日本の金メダルが増えたんだな。そう思ったら急に気が楽になりましてね」

何年も経た後の取材でも、この話をする時は本当に嬉しそうに相好を崩した。

気持ちを入れ替え、改めて平行棒に向かった。会心の演技で着地もぴたりと決めた。堂々の金メダルで表彰台に上がり、心置きなく、泣いた。

体操で涙を流したのは、後にも先にも、この1度だけだったのだという。

団体、個人総合、平行棒と三つの金メダルを獲得した遠藤は、女子の種目別を観戦していた。チャスラフスカは個人総合、跳馬、平均台で三つの金メダルを獲得していた。その彼女が遠藤の目の前で、段違い平行棒の360度フルターンに失敗し、落下した。

この時の心境を遠藤は、『週刊ベースボール』増刊号（1966年2月1日、小社刊）に、「チャスラフスカと私」と題してこう書き残している。

《完全優勝も可能な勢いで突進するチャスラフスカには、「この辺で私とのバランスを考えてくれ」と思わずにはいられなかった。それは男性としての女性に対するプライドとでもいうものだろうか。彼女がフルターンで落下したとき、私には驚きと安心とが同位していた》

トップアスリートの真意、心情はなかなか伺い知れないが、平たくいえばそれは嫉妬だったのだろう。また、その思いを公表できるほど、2人の間には、信頼と精神的なつながりがあったということだ。

2人の縁は、東京五輪の2年前に遡る。

1960年のローマ五輪にも2人は出場しているが、遠藤にはまだ、チャスラフスカに強い印象はなかった。1962年、チェコの首都、プラハで行われた世界選手権で、若き遠藤の美しい体操はプラハの市民を魅了した。まず遠藤のファンになったのは、チャスラフスカの母だったのだという。だが遠藤はユーリ・チトフに、地元のチャスラフスカはラリサ・ラチニナに、ともにソ連選手にわずかに届かず、個人総合では銀メダルで終わった。

プラハの新聞は2人をプリンス、プリンセスと呼んだ。横浜の国際大会で再会した2人は、2年後の東京でキング、クイーンとなることを誓い合う。そして密やかな文通が始まった。ほとんどは遠征先からの絵葉書で、「オリンピック」「金メダル」などの単語は禁句とされた。互いの競技会での順位にさえ触れない徹底ぶりだった。

そして東京で、誓いは実現した。遠藤、チャスラフスカとも、個人総合を含む3個の金メダルを首にかけ、同じ数を分け合った。

1983年春の取材で筆者は遠藤に、そこに恋愛感情は全くなかったのか、と問いかけたことがある。随分失礼で、ぶしつけな問いである。当時はまだ20代の駆け出しの記者で、思い出しても冷や汗が出る。

遠藤は「ありませんよ。あったのはライバル意識だけです。とにかく懐かしい」と苦笑しながら答えてくれた。

東京五輪当時、遠藤はすでに妻帯しており、長男も生まれていた。チャスラフスカは遠藤の妻とも交流があり、その息子も愛した。

遠藤は前出のチャスラフスカの自伝に序文を書き、彼女の魅力についてこう記している。

《東京大会でのあの爆発的人気はどうして生まれたのだろうか。単に顔とか技術だけではかたづけられない。真剣な演技から、終了後の人間らしさへの見事な転換は、「機械にはなりたくない」という主張のあらわれであったろう。私は、厳しいスケジュールの中で、たとえばサインを要求されたときなど、彼女の不満顔をついに発見できなかった》

プラハの春

東京五輪後のチャスラフスカは、歴史の波に翻弄されながら、自らの信念を貫き通した。

プラハの春、ワルシャワ条約機構軍によるチェコ侵攻、公職追放、そしてビロード革命を経て1990年、フジサンケイグループの招きで来日し、3月2日、日本記者クラブで会見した。長女、長男を伴っての登壇で、当時の録音が残っている。すでに紹介した東京五輪時に日本を「退屈な国ね」と話した同僚選手の逸話も、ここで語られたものだ。

深刻な話が続く中で、会場の雰囲気は明るく、しばしば笑い声も聞かれた。すべては彼女のユーモアとサービス精神によるものだった。激動の日々を、会見の録音と当時の産経新聞の取材から、彼女の言葉で振り返ってみる。

会見の冒頭で、チャスラフスカはこう語った。

「今回の訪問は、初めて自由になったチェコから訪れることができるようになったものです。私はこの自由になったという感覚を、今ひしひしと噛みしめているところで、その自由をどのように謳歌し、有効に使っていいのか、模索しているような状況です。本当に長い間、弾圧、抑圧を受けてきた人間には、どうしてもその足跡や影響力が残ってしまうのです。自由というものの使い方を最大限に使える能力を発揮できるようになるには、まだ時間がかかると思います」

それは、「自由」に慣れ切った我々には、なかなか理解しがたい感慨だった。

チェコスロバキアは共産党のアントニーン・ノヴォトニー政権による圧政下にあったが、1968年1月、改革派のアレクサンデル・ドプチェクが党第一書記に選出されると民主化政策を推し進めた。思想・言論の自由を保障し、「人間の顔をした社会主義」を目指した改革は「プラハの春」と呼ばれた。

改革のシンボル、人間の自由を保障する「二千語宣言」は、作家、ルドヴィーク・ヴァツリークによって起草され、1968年6月27日に発表された。原題は「労働者、農民、サラリーマン、学者、芸術家、その他すべての人々のものである二千語」という。

知識人ら70人が署名した中には、チャスラフスカやエミール・ザトペックといったオリンピアンの名もあった。ヘルシンキ五輪の5000メートル、1万メートル、マラソンを制し「人間機関車」と呼ばれた、あのザトペックである。阪神の大エース、村山実の豪快なフォームを称する「ザトペック投法」も、彼の名から命名された。

「1968年のプラハの春の時期には、私たち国民は本当に桜が満開になったような気持ちで、その『春』を謳歌していました。これからは自由で、皆が仲よく助け合っていけるような非常に暮らしやすい時代が来るのだと確信し、幸せいっぱいな気持ちでいたのです。ところが私たちの希望は、踏みにじられました。私たちは、本当のことをいうことが許されなくなったのです」

ソ連共産党機関紙『プラウダ』は宣言を「反革命的」と決めつけ、8月21日にはソ連軍を中心とするワルシャワ条約機構軍のチェコ侵攻が始まった。

「春」は、戦車に蹂躙され、終わりを告げた。

チャスラフスカは目前に迫ったメキシコ五輪の強化合宿のため、チェコスロバキア北部モラビアのシュンベルグに滞在していた。チャスラフスカにとってメキシコ五輪でもう1度金メダルを取ることは、自己を達成するための大きな目標だった。連日、6時間から8時間に及ぶ猛練習を重ねていた。

「8月21日の深夜、正確には22日の未明でした。強化合宿を行っていた宿舎の人が走ってきて、『ロシア人が攻撃してきた。街の中に戦車がある』というのです。私にとっては本当に忘れられない瞬間です。怖さと非常に強いストレスと、動揺を感じました。すぐにラジオのスイッチを入れました。本当かどうか、確かめたかったからです。そして事実だということを知りました。そしてラジオは同時に、『二千語宣言』に署名した人は、すぐに逃げるように、どこかに隠れるようにと伝えたのです」

「私はその朝、すぐに合宿を止めなければなりませんでした。隠れなければならなかったからです。私のために森林警備隊の人が2人やってきて、山奥の山小屋に避難させてくれました。山林の中に1人でこもって、私がどのようなトレーニングをしていたか、興味があればお話ししますが、長くなるので省略いたします」

会見ではそう話したが、産経新聞の取材に、山中トレーニングの話もしていた。山中を走り、倒木の上で平均台の練習を行い、枝にぶら下がって体を振り、段違い平行棒の感覚を維持した。山小屋の横には石炭が山のように積み上げられており、これを別の場所に移す肉体労働を繰り返した。筋肉の衰えを防ぐためと、手のマメが消えないようにするためだった。

一時はメキシコ五輪への出場も危ぶまれたが、参加を後押ししたのは国際世論だった。特に日本をはじめとする世界中で人気があったチャスラフスカの欠場は必ず非難の的となる。それはソ連にとっても避けたい事態だった。国際世論の喚起に一役を買ったのは、ザトペックだった。彼はテレビに出演し、「私たちは絶対にメキシコ五輪に参加すべきだ。そのことによって私たちチェコスロバキアの民族を世界にアピールしなければならない。こういう時期だからこそ、そうすべきだ」と訴えた。

こうしてチャスラフスカらチェコの選手団はぎりぎりで五輪参加が可能となった。メキシコに到着した時に空港に出迎えたのはほとんどが日本人記者で、彼女は東京に着いたのかと勘違いしたほどだったという。

メキシコでチャスラフスカは、侵攻への抗議の意を込めて濃紺無地のレオタードで演技し、ソ連のナタリア・クチンスカヤと激しく競い合いながら、女子個人総合では東京大会に続く連覇を果たした。種目別の跳馬、段違い平行棒、床と合わせて四つの金メダル。団体、平行棒も銀メダルで、すべてのカテゴリーでメダルを獲得した。

「メキシコ五輪でも優勝することができました。私は、ワルシャワ条約機構軍によって侵略され、抑圧された小さな国を代表して、全世界に、私たちは決して負けてはいない、チェコ人は健在なのだとアピールがしたかったのです。私たちは生きているのだと明らかにしたかったのです。東京五輪で勝ちたかったのは、日本の方々が私にして下さった様々な支援や応援に応えたかった、がっかりさせたくなかったからです。それが東京の金メダルでした。メキシコ五輪では、もちろん体操選手としてもう1度優勝したいという気持ちはあったのですが、それ以上に祖国が多大な力を与えてくれました。祖国への愛によってメキシコで勝てたのだと思っています」

産経新聞の取材にチャスラフスカは、「祖国とはどういうものですか」と聞かれ、「家です」と即答している。

金メダル四つを手土産に戻った祖国はすでに平静を取り戻し、静かだった。ただしそれは、抑圧された、息もできないような静けさに感じられた。

チャスラフスカにとって、厳しく辛い日々が始まった。『二千語宣言』に署名した者は反革命分子とみなされ、5年間、公職に就くことができなかった。特に体操の指導も禁じられたことが悲しかった。外務省から体操協会の支部に至るまで、40回に渡って署名の撤回を求められたが、チャスラフスカは、これらをすべて拒否した。日米の共同制作でチャスラフスカの半生を映画化する話もあった。日本やオーストラリア、ニュージーランドなどから体操指導者としての誘いもあった。国がつけた許可の条件は、いつも、二千語宣言への署名撤回だった。

そして彼女は、拒否を続けた。

「私は自分の国の名を高め、国民が自由を得るために署名したのです。撤回する理由がありませんでしたから」

ビロード革命

1989年11月17日、学生のデモに警察、軍が介入し実力行使で多数が負傷した。きっかけは1939年にドイツ軍に抵抗して殺害されたチェコ人の学生を追悼する集会だった。学生たちはチェコスロバキアの国旗を掲げ、民主化を呼び掛けた。これに警察と軍の特殊部隊が警棒などで攻撃し、多数の負傷者を出して強制的に解散させた。衝突を契機にデモは拡大していき、主催者発表で5万人の大集会となった。

チャスラフスカの2人の子供もデモに参加した。チャスラフスカはその日、プラハにはいなかったが、ビデオで警察の弾圧の様子を見た。

「それがどれだけ残酷に、どれだけひどく私たちの子供に襲いかかったか。それを見た時、もう私は傍観者ではいられませんでした。私たちはそれぞれが団結して、警察の暴力に反対だというアピールをしなければならないと決心したのです」

チャスラフスカは夜を徹して書いたアピールを、ラジオに出演して読み上げた。その一部を紹介する。

《私は11月17日のプラハで起こったことに対して厳重に抗議します。暴力、そして暴力による弾圧は理性のある人間のすることではありません。私は学生たちの要求を支持します。なぜなら彼らの要求は全く正当なものでありますし、正しいものです。私たちの生活のなかにおける専制政治に対して、私ははっきりと勇気を持って、一人のスポーツマンとして、また人間として反対の意を表明します》

《でも本当のことをいうと怖いのです。私たちの子供のことが心配です。私たちみんなの子供たちがデモに参加しているんです。彼らの側に立ち、彼らを支援することが私たちの義務です》

《スポーツ選手として発言しています。それが私の職業だからです。私たちは、これからを担う世代に彼らが自らの未来を選択し、未来を創る機会を与えてあげようではありませんか》

チャスラフスカはプラハのバーツラフ広場で行われたデモにも参加した。バルコニーから群衆に演説もした。民主化の要求はチェコスロバキア全土に広がりを見せ、世界史でも稀な無血の「ビロード革命」が成就した。チャスラフスカはビロード革命を象徴する１人となった。革命成功の要因を彼女は「私たち国民が自由を求める希求を完全に失わなかったから革命という結果につながった」と話した。

就任したヴァーツラフ・ハヴェル大統領はチャスラフスカにプラハ市長に就任することを望んだが、彼女はこれを固辞し続け、大統領顧問の地位に就いた。

日本記者クラブでの会見の最後には、大統領顧問としてこう話した。

「私は日本の国民を大変尊敬しています。全世界の人々が戦後の短い期間にあれだけの東京五輪を開催できたことを知っています。私自身が東京五輪に参加して、非常に短い期間での復興の証人になっています。全世界が知っているのは、日本の方々が皆、よく働くということです。個人個人の労働意欲に支えられて日本はこれだけ発展し、経済大国になり、先進諸国の仲間入りをし、豊かな国になったのだと思います。

私が日本へ行くというと、ハヴェルは『ベラ、日本の皆さんに伝えてほしい。新しくなった私たちチェコに心を開いてほしい』といいました。私はハヴェルにこう答えました。『日本の皆さんはずっと前からチェコに心を開いていますよ』

私から日本の皆さんにお願いがあります。チェコスロバキアは世界経済に参加したい。そのために日本から様々な情報がほしいのです。市場経済への移行、経済発展の戦略、社会問題、技術力、そうした日本のノウハウを聞かせてほしいのです」

それは希望に満ちた会見だった。チェコにもチャスラフスカにも、前途は洋々と開けているように誰もが感じた。

しかし1993年、離婚した夫と長男が酒場でトラブルとなり、元夫が死亡する不幸な事故が起きた。これをきっかけに、チャスラフスカは次第に精神を病み、1990年代の後半から、限られた近親者以外とは一切の接触を絶つようになった。

開戦不可ナリ

後に日本チェコ友好協会会長として、チェコ日本友好協会名誉会長のチャスラフスカのカウンターパートナーとして親交を深める大鷹節子は、東京五輪が開催された1964年秋、外交官の夫、正とともにメキシコに駐在していた。前年のケネディ大統領暗殺は日米間初の衛星中継が伝えたが、東京五輪の情報はほとんどメキシコに届かず、チャスラフスカの人気沸騰も知らなかった。

チャスラフスカがメキシコ五輪で体操女子個人総合連覇を飾った際には、帰国して東京にいた。2人の縁は、壮大なすれ違いで始まった。

正は1983年から87年まで、プラハでチェコスロバキア大使を務めた。チャスラフスカはこの間、民主化運動「プラハの春」を支持する「二千語宣言」への署名撤回要求を拒否し続け、表舞台から姿を消していた。それでも大使夫人として、日本を愛する彼女との親交はあった。大使離任のパーティーにもチャスラフスカは顔を出してくれた。1989年の民主化で名誉を回復し、92年にハヴェル大統領が来日した際には、大統領顧問として同行した彼女と宮中晩餐会で隣り合わせ、旧交を温めた。

共産党政権の圧力に屈せず信念を貫いたベラの胸の内を、大鷹は「痛いほど理解できる」と話した。それは、大鷹の家族にも関係しそうだ。

大鷹の旧姓は小野寺。父、小野寺信は元陸軍少将で、大戦時のスウェーデン駐在武官だった。母、百合子は『ムーミン』の翻訳者としても知られる。夫の大鷹正と、双子の兄の弘も外交官で、弘の夫人、大鷹淑子は参議院議員も務めた。山口淑子、往年の銀幕スター、李香蘭である。

1941年、ベルリンの大島浩駐独大使から入る「ドイツ、ソ連国内で快進撃」の情報を基に日米開戦への準備を続けていた大本営に、ストックホルムの小野寺から電報が入った。

「日米開戦絶対不可ナリ」

独自の情報活動からドイツ軍の戦力低下をつかんだ重大情報は無視されたが、小野寺は同じ打電を繰り返した。その数は実に30通を超えた。情報は徹底的に黙殺され、12月8日、ついにハワイのパールハーバーで日米は開戦した。皮肉にもこの日、ドイツ軍がモスクワから退却を始め、日本の孤独な戦争が始まった。

小野寺は、1945年2月のヤルタ会談で「ソ連はドイツ降伏の3カ月後に対日参戦」の密約があったこともつかんで打電するが、この情報も途中で握りつぶされ、大本営上層部には届かなかった。ドイツ降伏のちょうど3カ月後の8月8日、ソ連は突然、対日参戦し、終戦へ向かう。さらにはスウェーデン国王を仲介者とする極秘の和平工作にも乗り出すが、「工作を促進されたし」の電報がストックホルムに着いたのは8月16日、終戦の翌日だった。

小野寺は戦後もこの秘史を口にすることなく、1987年8月17日、89歳で亡くなった。筆者は当時、産経新聞社会部のサツ回り記者で、小野寺の葬儀を取材した。喪主の百合子は当時80歳。「開戦の時も、終戦の時も、小野寺は何もいわず黙っていました。さぞ悔しかったろうと思います。『小野寺の報告を日本が受け入れていてくれたら』と、ただそばにいた私でさえ、悔しくて何度も涙が出たのですから」と話した。百合子は戦争当時、暗号電報の解読、打電役を務めており、すべての事情を知る立場にあった。

戦後も小野寺の行動は理解されず、非難された文書だけが残っていた。それが悔しくて4人の子供たちが父に「自分の口で真実を明らかにして下さい」とテープレコーダーを前に何度も詰め寄ったが、小野寺は「敗軍の将だから」と重い口を開かなかった。

「それなら、私が書くのならいいでしょう」と1985年、百合子が『バルト海のほとりにて』（共同通信社刊）の書名で出版し、ようやく世間に知られるようになった。

葬儀の席で百合子は静かにこう話した。

「軍人の妻となった時から、いつ何時、の覚悟はしておりました。それがこんなに長い間一緒に生きてこられて、ありがたいことだと思っています」

大きな流れが決まった時、これに抗うことはいつの時代でも難しい。それでも信念を貫き通すことができる人はいる。

共産党独裁政権下でこれに抗したチャスラフスカの心情を、大鷹が「痛いほど理解できる」と話した時、あの母の、凛としたたたずまいを思い出したのだった。

ユキオエンドウを知っていますか

2011年3月11日、東日本大震災が発生し、大津波に襲われた東北から関東に至る太平洋沿岸は壊滅的に被災した。

翌日、大鷹が会長を務める日本チェコ友好協会に、チャスラフスカからのメッセージが届いた。

《チェコ国民は昔から日本という国を、尊敬すべき素晴らしい国民、豊かな伝統、高度な技術を有し、美しくも同時に自然の脅威に晒されている国だと認識しております。昨日の災害において自然のもたらす威力は想像をはるかに超えるものであったと思います。チェコ共和国国民は自然の破壊力、事物の破損被害の大きさに息が詰まるような思いで見詰めております。不幸にも今回の災害で亡くなられた方々の冥福をお祈りします。また被害に遭われた方々にはお見舞いを申し上げます。と同時に、救助に当たっておられる方々、ボランティアの方々等の冷静

本、個人総合で優勝した遠藤は、10月23日、
目別の平行棒（写真）でも金メダルを獲得した

沈着な協力体制・行動に対する称賛の気持ちでいっぱいです。日本国民の皆様と同じく、私たちもこれを試練の時と捉え、災害が一刻も早く収まり、そして被害に遭われた方々が、一刻も早く普段の生活に戻れますように、心よりお祈り申し上げます。そのためにも、チェコ共和国国民として、物心両面、可能な限りの援助をしたいと思っています。

チェコ日本友好協会　名誉会長　ベラ・チャスラフスカ》

言葉だけでは終わらなかった。

チャスラフスカはプラハ城でチャリティーコンサートを開催して義援金を募り、被災地へ送った。大震災の年の10月には自身で来日し、仙台などを訪問して実際に被災地の子供たちと触れ合った。

チャスラフスカは長い沈黙から、目覚めていた。

きっかけは、盟友、遠藤幸雄の死去だった。

遠藤は２００９年3月25日、食道がんのため、亡くなった。72歳だった。葬儀では祭壇に１９６４年東京五輪の平行棒で「後ろ振り上げ捻り」を決める雄姿が飾られた。

「遠藤さんは人生の手本であり、かけがえのない存在でした」と、チャスラフスカからの弔電も読まれた。遠藤が体調を崩してからは、家族に容体を気遣うメールなどが届けられていたのだという。

震災の翌年、12年3月には、チャスラフスカは被災地の岩手県大船渡市、陸前高田市の両市から、男子12人、女子14人の中学2年生26人をプラハに招き、自身が笑顔でもてなした。日本から子供たちを引率したのは大鷹と、友好協会常務理事の村田祐生子である。

アテネ五輪の十種競技金メダリスト、ロマン・セブルレが経営する市内のスポーツクラブでは、地元の子供たちとのスポーツ大会も開かれた。競技に先立ち、地元の幼稚園児がチェコ国歌と君が代を斉唱した。

競技大会では、運動能力がひと際目立つ、被災地の少年がいた。複数の種目で活躍し、首にいくつもの手製のメダルをかけられた。村田が通訳に呼ばれ、チャスラフスカは少年を呼び止め、こう話しかけた。

「あなたは、ユキオエンドウを知っていますか。あなたは私に、彼のことを思い出させてくれます」

そこに恋を超える、信頼や尊敬、同志愛といった深い感情を読み取りたくなるのだ。

チャスラフスカは２０１６年8月30日、74歳で亡くなった。

大鷹がチャスラフスカと最後に会ったのは、その２カ月前の6月、プラハで行われた京都市との姉妹都市20周年記念の式典だった。膵臓がんを患い、すでに別人のように小さくなっていたという。

10月17日には、プラハ市内の聖アネシュカ教会で、49日祭が執り行われた。49日法要は仏教の儀式である。法要には姉妹都市の京都から3人の僧侶が赴き、プラハでも歴史ある教会で修道士に見守られて読経した。

「東京の恋人」は、最期まで日本と縁深い生涯を送った。

チャスラフスカの長女、ラトカは、日本の「チェコ倶楽部」が発行する雑誌『ORLOJ（オルロイ）』のチャスラフスカ追悼特集に寄稿し、2度目の東京五輪についてこう記した。

《次の地球の最大のお祭りは、日本人が担うのです。母も私も、日本人特有のこだわりによって、きっと細かいところまで完璧に準備されると信じています。

ある日本人の新聞記者に「ベラ・チャスラフスカさんは東京五輪に出席されますか」と質問された時に、母は素直に答えていました。

「ハイ。空の上から眺めています」》

若い人が世に出る大会に

東京五輪の女子体操で床運動の伴奏をピアノで弾いた前田憲男は2018年11月25日、83歳で亡くなった。『ミスター・サマータイム』『冬のリビエラ』などの洒脱な編曲で前田が手がけた楽曲は多く耳に残る。

葬儀では、ドラマーの猪俣猛、女優で歌手の水谷八重子、クラリネットの北村英治らがジャズや酒、いたずらについて故人の逸話を披露した。

服部克久は葬儀委員長として「まだしばらくは仕事をしたいと思っておりますので、のぶちんも空の上から見守ってもらいたい」とあいさつをした。「のぶちん」は前田の本名、暢久からついた愛称である。

服部の横で、長年前田にマネジャーとして寄り添った田中聖健が両手の指を反り返らせて直立する姿が印象的だった。30歳で弟子入りを断られてマネジャーとなり、足かけ44年。田中にとって葬儀の仕切りは一世一代の大仕事だっただろう。

田中は「前田先生はアレンジャーとして日本のジャズを牽引された。先生のお役に立つことが僕の人生でした」と話した。彼との偶然の出会いがなければ、東京五輪女子体操競技の逸話を聞くこともなければ、前田や服部の話を伺うこともできなかった。笑いあり、涙ありの式を終え、前田を納めた棺は北村らの演奏による『A列車で行こう』に送られて葬祭場を後にした。

「まだしばらくは仕事をしたい」と話していた服部も、2020年6月11日、83歳で亡くなった。父は服部良一、息子は服部隆之、親子三代の日本のポピュラー界を代表する音楽家だった。

服部と前田、2人に最後に聞いた会話を思い出す。

２度目の東京五輪への期待を聞くと、服部は少し考えて、こう答えたのだった。

「前の東京五輪は、私ら若い人にチャンスをくれた。今度もそういう大会であってほしいね」

前田はその横で腕を組み、なんとも嬉しそうに「さすが、いいこというねえ」と囃し立てていた。

遠藤幸雄が小野喬に代わって日本のエースとして羽ばたいたように。チャスラフスカがソ連のラリサ・ラチニナに代わって世界の女王として輝いたように。２０２０年夏、若い人が世に出る大会を、多くの先人が空の上から見守るはずだった。

被災地の少年

チャスラフスカがプラハで、遠藤の面影を見た被災地の少年は、名を古座拓磨という。

２０１１年３月11日、少年は大船渡市の中学校の校庭でサッカー部の練習中だった。突然、大きな揺れに襲われて、目の前で校庭が割れた。東日本大震災による地割れだった。

海岸近くの自宅は根こそぎ津波に流された。

高台にある中学校で両親と合流し、壊れていく大船渡の町を見下ろした。建物が破壊される音、大型船の汽笛、車のクラクション、防災無線のサイレン、人の泣き叫ぶ声、様々な音が混じり合っていた。

中学校の体育館で数日を過ごした後、流された家を探しにいった。家は3階部分だけが約1キロ先で見つかった。周囲は瓦礫で覆われ、なかなか近づけなかったが、奇跡的にそこで、古座の布団にくるまり震えている愛犬を発見した。

その後の2カ月は避難所となった体育館で過ごし、祖母の家にも一時避難し、中学校の校庭に建てられた仮設住宅で5年間、暮らした。床と壁、天井がある住み家が本当にありがたかった。生きて見つかった愛犬も一緒だった。4年後に老衰で寿命を全うするまで。

プラハ行きは、市の教育委員会の応募に自ら手を挙げ、無作為の抽選で選ばれた。到着した空港では「ようこそプラハへ」と日本語で書かれた横断幕に迎えられた。嬉しかった。

チャスラフスカには「大きなオーラを感じました」と話す。ただ、彼女のことも遠藤幸雄のことも、当時はよく知らなかった。もっと勉強してから行けばよかったと、少し後悔している。プラハには、いい印象ばかりが残っており、2019年に再訪した。

岩手県のグローバル人材1期生として米国にも派遣された。大船渡高校のサッカー部ではセンターバックを務めた。鹿島アントラーズやイタリアで活躍し、日本代表として2度のワールドカップに出場した小笠原満男はサッカー部の先輩に当たる。

高校卒業後は東京理科大、大学院に進み、建築を学んだ。30大学170人以上の学生で構成される「建築学生サークルフラット」では代表を務めた。一方で、三陸の郷土芸能「鹿踊り」「虎舞」の踊り手も担っている。将来は大船渡に帰り、建築に留まらず、町全体をデザインしたい。大船渡や周辺一帯、岩手や宮城、青森、福島を元気にできる存在になりたい。そう積極的に夢を語り、実現に向けてひた歩んでいる。

震災10年後の少年の、成長した姿がそこにある。

「普通の少年だったんです。僕を変えるきっかけを与えてくれたのは、プラハの経験でした」

古座の話を聞きながら、2013年9月、ブエノスアイレスで開催されたIOC総会で2度目の東京五輪開催を決めたプレゼンテーションにおけるパラリンピアン、谷（旧姓・佐藤）真海のスピーチを思い出していた。

谷は早大2年、応援部のチアリーダーとして学生生活を送っていた19歳の時に骨肉腫を発症し、手術で右足の膝から下を切断した。ないはずの右足の先がいつまでも痛んだ。「幻肢痛」というのだという。泣いてばかりの日々を、スポーツ義足との出合いが救った。走る喜び、爽快感がよみがえり、スポーツを心から楽しいと思えた。義足のジャンパーとしてアテネ、北京、ロンドンのパラリンピック3大会に陸上走り幅跳びの選手として出場した。多くの人との出会いもあった。

東日本大震災では故郷の宮城県気仙沼市が津波に飲まれた。入院時にもその後のリハビリも見守り続けてくれた母親とは6日間、連絡が取れなかった。無事が確認できるまでの長い時間。自らの病で、地獄ならもう見たと思っていたが、自分のことより家族を思うほうがずっと辛かった。その時知った。あの頃も、私より家族のほうがきっと、ずっと辛かったのだろうと。帰り着いた気仙沼では、町に大型船が乗り上げていた。津波の到達点を刻む残酷な境界線。言葉も涙も出ず、吐き気がしたが、静かになった海を嫌うことはできなかった。食糧を被災地に運び、他のアスリートらとともに、スポーツを通じて被災地の子供らと触れ合った。請われれば、自らの体験も語った。

そしてIOC総会のスピーチでは、こう話したのだった。

「その時初めて、私はスポーツの真の力を目の当たりにしたのです。新たな夢と笑顔を育む力。希望をもたらす力。人々を結びつける力。200人を超えるアスリートたちが、日本、そして世界から、被災地におよそ1千回も足を運びながら、5万人以上の子供たちをインスパイアしています。私たちが目にしたものは、かつて日本では見られなかったオリンピックの価値が及ぼす力です。そして、日本が目の当たりにしたのは、これらの貴重な価値。卓越、友情、尊敬が、言葉以上の大きな力を持つということです」

東京五輪の縁が、出会うはずのない体操の女王と被災地の少年を結びつけ、夢や希望をもたらし、人生を変えた。谷が話したスポーツの力、オリンピックの価値が及ぼす力とは、こういうことだ。

東京五輪の真のレガシー（遺産）とは、新幹線や経済効果といった副次的なものではなく、こうした小さな奇跡の一つ一つにある。

エピローグ

TOKYO
1964

「生きていてよかった」

国立競技場で行われた東京五輪開会式の翌朝、サンケイスポーツは1面に当時の運動部長、北川貞二郎による「生きていてよかった」「学徒兵OB　五輪開会式をみる」と題するコラムを掲載した。

《昭和18年（1943年）、第二次世界大戦の戦局急を告げた11月のある日を思いだす。ほとんどの学生が学業なかばで動員となった。戦争目的も理解しえないまま、私も赤ダスキをかけた。明確であったのは「死なねばならぬ」ことだけである。世にも哀れな門出を、国民はここで盛大に送ってくれた。それは今、目の前を歩く日本の青年たちへの「メダルの期待」に数倍する期待であった。重苦しく、やりきれぬ〝期待〟を担って、私は角帽姿にゲートルをまき、銃をかついで、このフィールドを行進した。あのとき、私の踏んだ土のひとかけらぐらいは、今の美しいアンツーカーの底に残っているに違いない》

北川は早稲田大学ボート部のエイトの一員として全日本選手権で優勝した経歴を持つ。40年東京、44年ロンドンと二つのオリンピックが戦争のために開催されず、五輪出場は叶わなかった。大戦の戦況悪化により43年10月、文科系の20歳以上の大学生らの徴兵猶予が停止され、在学中の学生が一斉に出征するようになった。彼ら学徒出陣の壮行会は10月21日、明治神宮外苑競技場に77校の学生約2万5000人が集い、雨の中、東条英機首相らの前を行進した。神宮外苑競技場は後の国立競技場である。北川もこの1人だった。出征先の中国では乗っていた列車が地雷で爆破され、左耳の聴力を失った。

北川は後に、サンケイスポーツ編集局長や産経新聞社副会長などを歴任した。88年ソウル五輪では産経新聞グループの取材団長を務め、筆者もその末席に名を連ねた。閉会式の夜に誘われたソウルの街で、戦争と東京五輪、当時闘病中だった昭和天皇への万感の思いを聞いた。2018年2月9日、平昌冬季五輪の開会式当日、94歳で亡くなった。2度目の東京五輪を楽しみにしていたという。

改めて思う。

昭和の東京五輪は、終戦後わずか19年で開催された。壮年以上の方であれば、自身の19年前を思い出してほしい。それはつい最近のことと感じられるのではないか。東京五輪を迎えた当時の多くの人にとって、戦争は生々しい記憶だったはずである。

人にたとえれば、戦後19歳は東京の、日本の青春に擬することもできる。青春であるからこそ、それはどこかもの悲しく、ほろ苦い。そして青春は、その後の人生に息づき、方向性を規定する。

緑の芝生に見た夢

一例を、日本のサッカー界に見る。

長沼健監督が率いる日本代表は東京五輪に向けた強化のため、1960年、西ドイツに遠征した。デュッセルドルフの空港に到着すると、眼光鋭い、小柄なドイツ人が出迎えた。これが「日本サッカーの父」と呼ばれるデットマール・クラマーとの出会いだった。

一行はバスに乗り、デュイスブルクのスポーツシューレに向かった。到着は夜。暗くて何も見えなかった。

翌朝、宿舎の窓を開けて見た光景を、ストライカーだった川淵三郎は忘れられない。8面に及ぶ芝生のサッカー場だった。ここで子供から老人までがサッカーを楽しみ、体育館では体に障害がある人たちが座ったままバレーボールに興じていた。当時は知らなかったが、現在はパラリンピックの正式競技となっているシッティングバレーである。ピッチに触れると芝は濃く深く、手が土に届かない。ドリブルをしても、タックルをしても、サッカーが楽しい。そこがスポーツの理想郷と思えた。日本では土のグラウンドが当たり前だった。スライディングの度に、足は傷だらけとなった。

日本の歴史の一大起点となった 1964 年大会の開会式。そのレガシーは、物理的な面だけでなく、むしろ人や心の面で、今へとつながっている

日本中に、芝生のグラウンドを増やしたい。広げたい。それがチームの、サッカー界の夢となった。長沼や、クラマーの通訳も務めたヘッドコーチの岡野俊一郎、そして川淵が後に日本サッカー協会の歴代会長を務めるようになり、Jリーグの創設、ワールドカップの招致を成功させた。究極の目的は、この夢の実現にあった。だからJ1クラブの増枠やJ2、J3への拡大に批判があっても、サッカー界は動じなかった。商売上の損益だけではなく、そこに緑のピッチが増えるのだという帰るべき理念、青臭くもある信念が揺るがなかったためだ。

スポーツシューレで見た夢の光景は、福島県のJヴィレッジに再現された。Jヴィレッジは、東日本大震災の津波による福島第一原発事故対応の前線基地を経て、2度目の東京五輪では聖火リレーのスタート地点となった。

東京五輪でサッカー日本代表は、強豪アルゼンチンを破る大金星を挙げた。

川淵は1対2でリードされた後半41分、釜本邦茂のクロスにダイビングヘッドを合わせ、同点ゴールを挙げた。1分後には杉山隆一のクロスに滑り込みながらシュートし、GKが弾いたボールを小城得達が押し込んで逆転した。

歓喜のロッカールームで最初にクラマーに抱き着いたのは、殊勲の川淵だった。だが、クラマーは選手らの興奮を鎮めると、「君たちには今日、新しい友人が増えるだろう。だが今、友人を必要としているのは敗れた選手なのだ。私はこれからアルゼンチンのロッカールームへ行ってくる」と話して部屋を出て行ってしまった。川淵は「正直、何を格好つけているんだ」と思ったのだという。だが準々決勝でチェコスロバキアに0対4で完敗すると、クラマーはこう話した。

「君たちがどれだけ努力してきたか、私が一番よく知っている。今はサッカーのことを忘れよう。そして今日、君たちのところに来る友人が本当の友達なんだ」

こうした指導者の言葉に支えられ、4年後のメキシコ五輪で日本サッカーは銅メダルを獲得する。

「試合終了の笛は、次の試合へのキックオフの笛である」

「サッカーに上達の近道はない。普段の努力だけである」

「サッカーは少年を大人に、大人を紳士に育てる」

これらのクラマー語録は、通訳も務めた岡野俊一郎との合作であるとも伝えられる。そして「ここにコーチングのすべてがある」と自ら手製の語録を作り、大阪体育大学で学生に配り、授業に使っていたのが、ラグビー界のスーパースター、坂田好弘だった。

日本サッカーがメキシコ五輪で銅メダルを獲得した同じ1968年、大西鐵之祐が監督として率いたラグビー日本代表は敵地ニュージーランドでオールブラックス・ジュニアを破ってラグビーの本場を驚かせた。この試合で坂田は4トライを挙げ、「空飛ぶウイング」と称され、その名を世界のラグビーファンに轟かせた。

日韓でサッカーのワールドカップが開催された2002年、坂田はこう話してくれたことがある。

「クラマーさんの門下生たちが当時のチームワークのままにJリーグを作り、W杯を開催した。ラグビーでは大西先生のもとで戦った誰も代表監督をやらず、ほとんど協会にも残らなかった。今の両者の差は、これでついてしまったのではないでしょうか」

クラマー門下生とは、長沼、岡野、川淵ら日本代表監督も務めた日本協会の歴代会長を指す。サッカー界を羨んだ坂田はその後、日本ラグビーフットボール協会の副会長などを務め、「世界の顔」として2019年ラグビーワールドカップ日本大会の招致や準備に奔走した。自国開催のW杯で「ジャパン」は、アイルランドやスコットランドの伝統国を撃破して列島を興奮させた。一方で川淵には、自宅とオフィスの両方に置く「僕のバイブル」と呼ぶ本がある。早稲田大学の先輩でもある大西鐵之祐著『闘争の倫理』（鉄筆文庫刊）だった。

鳥原光憲は東京大学の2年生だった。御殿下グラウンドでサッカー部の練習中、ブルーインパルスが描く五輪の輪が大空に描かれた。空を見上げて「世界の祭典が始まる、こんな時に練習をしていていいのかな」と思った。友人と、日本対アルゼンチン戦を見に駒沢競技場へ行った。終盤の劇的な逆転勝利に感動し、後のサッカー人生が規定されたように思う。

日本代表コーチの岡野俊一郎は小石川高校、東大を通じてサッカー部の先輩だった。高校の練習に岡野がクラマーを連れてきてくれたこともある。「リフティングを50回」と指示され、誰もできなかった。今では、小学生が楽々とこなす。

代表チームは近くの旅館で合宿しており、東大サッカー部はよく練習相手として「サンドバッグ役」を務めた。代表選手の中でも、杉山隆一の速さは群を抜いていた。タックルに行くとすでにそこにボールはなく、足だけを削る。「こらあ」と怒られたことを、鳥原はよく覚えている。後年、ジュビロ磐田のGMを務める杉山にこの話をすると、「記憶にない」と謝られた。

高校、大学、社会人の東京ガスでもプレーを続けた。監督、部長も務め、Jリーグでは「FC東京」の発足に向けて駆け回った。東京ガスの本体では社長、会長も歴任した。サッカー人、企業人としての豊富な経験から、請われて日本障がい者スポーツ協会会長、日本パラリンピック委員会会長にも就任した。昭和の東京五輪ではサッカーの他に、東洋の魔女の女子バレーボール金メダルや、円谷幸吉のマラソン銅メダルを強く印象に残しているが、正直にいえば、パラリンピックについての記憶はなかった。

勉強を始めた。パラリンピックは五輪以上に社会を変革させる力を有している。大会の成功が共生社会を作る。大会後すぐに社会は変わらなくても、必ずその芽を植え付ける。それが最大のレガシー（遺産）となる。必ず東京パラリンピックを大成功させる。そう宣言した。

その原点には、クラマーが東京五輪代表チームを誘ったスポーツシューレで、川淵らが目撃したシッティングバレーの光景がある。老いも若きも、障害のある人も、ない人もスポーツを楽しむ理想郷だ。

昭和の東京五輪がピッチに植え付けた萌芽は、こうして裾野を広げながら育ち続けていった。

東京五輪に幸あれ

すでに触れたが、東京五輪が開催された1964年、筆者は小学1年生だった。当時住んだ東京都下の小金井市では舗装前の道路をオート三輪が土埃を上げながら走っていた。真夏はクーラーもなく、冬でもなぜか皆、半ズボンだった。東京五輪でNHKはカラー放送を始めたはずだが、周囲では誰もカラーテレビを持っていなかった。三角ベースの草野球やキャッチボールをする空き地や原っぱは、至る所にあった。

外国人といえばアメリカ人のことだと思っていた。インナ・リスカルらの女子バレーでソ連を、アベベでエチオピアを、ヘーシンクでオランダを知った。新設された日本武道館で行われた柔道無差別級決勝戦で、見知らぬ外国人に肩車されて見た神永―ヘーシンク戦は、最初に触れたスポーツの現場だった。おそらくその経験は、後々の人生に何がしかの影響を与え、規定する萌芽となった。

１９８１年に新聞記者となり、ロサンゼルス五輪以降はすべての大会に何らかの形で関わった。１９８８年ソウル、92年バルセロナ、２０１２年ロンドンの各大会は現地で取材した。昭和の東京五輪で活躍したオリンピアンや関係者との知己を得る機会にも恵まれた。そうした取材や経験を基に２０１７年、『オリンピズム　１９６４東京五輪』と題して産経新聞に17回の連載を掲載した。本書はその連載記事を骨格に対象を絞り、大幅に加筆したものだ。

書籍化の機会に、改めて１９６４年10月の産経新聞を通読し、先輩記者や、サトウハチローら寄稿者らによる一文一行、言葉の数々の熱量に圧倒された。昭和の東京五輪を、産経新聞はどう報じたか。それは本書の、もう一つのテーマとなった。

大会の終了に当たり、小泉信三は、産経新聞に『オリンピックに幸あれ』と題して寄稿した。開会式の感動、日本選手団の活躍が綴られ、米国のフレッド・ハンセンと西独のヴォルフガング・ラインハルトが金メダルを争った棒高跳び決勝の9時間に及ぶ死闘に行数が割かれていた。小泉に心酔する宗岡正二が国立競技場のスタンドで観戦した、あの名勝負である。

寄稿の最後は、こう締めくくられていた。

《これは十月十七日の夜のことで、その前日ソ連の首相兼共産党第一書記のフルシチョフの失脚が報ぜられ、この日はまた中共の核実験が報ぜられた。それはいずれも、人類として誇ることのできない事件である。ひとりここにこの日、東京の競技場でアメリカの一青年は竿灯（かんとう）に身をおどらせて、五メートル一〇のバーを飛びこえることに成功した。人々は歓呼してこれを称賛した。その歓呼する人々は、少なくともその瞬間、政治的陰謀や破滅的兵器のことを忘れたであろう。

東京オリンピックに幸あれ》

ここに、オリンピックの意義が凝縮されている。

著者プロフィール

別府育郎（べっぷ・いくろう）
昭和33年、東京都出身。中央大学文学部卒業後、産経新聞社入社。夕刊フジ、東西社会部を経て、夕刊フジ運動部長、産経新聞社会部長、夕刊フジ編集局長、論説副委員長、特別記者。著書に『熾火　田辺 清とエディが紡いだボクシングの絆』（ベースボール・マガジン社刊）、共著に『ブランドはなぜ堕ちたか　雪印、そごう、三菱自動車事件の真相』『誰か僕を止めてください　少年事件の病理』（いずれも角川書店刊）などがある。

哀愁《あいしゅう》　1964年東京五輪《ねんとうきょうごりん》　三《み》つの物語《ものがたり》

マラソン、柔道《じゅうどう》、体操《たいそう》で交錯《こうさく》した人間《にんげん》ドラマとその後《ご》

2021年6月15日　第1版第1刷発行

著　　者　別府育郎《べっぷいくろう》
発 行 人　池田哲雄
発 行 所　株式会社ベースボール・マガジン社
〒103-8482
東京都中央区日本橋浜町2-61-9 TIE浜町ビル
電話　03-5643-3930（販売部）
　　　03-5643-3885（出版部）
振替　00180-6-46620
https://www.bbm-japan.com/
印刷・製本　共同印刷株式会社

ISBN 978-4-583 -11380-7 C0075